T0147066

essentials

Springer essentials sind innovative Bücher, die das Wissen von Springer DE in kompaktester Form anhand kleiner, komprimierter Wissensbausteine zur Darstellung bringen. Damit sind sie besonders für die Nutzung auf modernen Tablet-PCs und eBook-Readern geeignet. In der Reihe erscheinen sowohl Originalarbeiten wie auch aktualisierte und hinsichtlich der Textmenge genauestens konzentrierte Bearbeitungen von Texten, die in maßgeblichen, allerdings auch wesentlich umfangreicheren Werken des Springer Verlags an anderer Stelle erscheinen. Mit Vorwort, Abstracts, Keywords, Quellen- und Literaturverzeichnis bekommen die Leser „self-contained knowledge" in destillierter Form: Die Essenz dessen, worauf es als „State-of-the-Art" in der Praxis und/oder aktueller Fachdiskussion ankommt.

Burkhard Bierhoff

Kritisch-Humanistische Erziehung

Erziehung nach Erich Fromm

2., überarbeitete Auflage

Prof. Dr. Burkhard Bierhoff
Brandenburgische Technische Universität
Cottbus-Senftenberg
Cottbus
Deutschland

1. Auflage: Centaurus Verlag & Media 2013.

ISSN 2197-6708   ISSN 2197-6716 (electronic)
essentials
ISBN 978-3-658-12198-3   ISBN 978-3-658-12199-0 (eBook)
DOI 10.1007/978-3-658-12199-0

Die Deutsche Nationalbibliothek verzeichnet diese Publikation in der Deutschen Nationalbiblio-
grafie; detaillierte bibliografische Daten sind im Internet über http://dnb.d-nb.de abrufbar.

Springer VS

Springer Fachmedien Wiesbaden ist Teil der Fachverlagsgruppe Springer Science+Business Media
(www.springer.com)

Was Sie in diesem essential finden können

- Eine Einführung in das Denken von Erich Fromm am Beispiel der Erziehung
- Eine Kritik der Überwältigungs- und Instruktionspädagogik
- Den Entwurf eines Erziehungskonzepts in der „empathischen Zivilisation"

Der von der Natur losgerissene Mensch, der mit Vernunft und Vorstellungsvermögen ausgestattet ist, muss sich eine Vorstellung von sich selbst formen, muss sagen und fühlen können: ‚Ich bin ich'. Da er nicht gelebt wird, sondern lebt, weil er sein ursprüngliches Einssein mit der Natur verloren hat, weil er Entscheidungen treffen muss, ist er sich seiner selbst und seines Nächsten als unterschiedlicher Personen bewusst, muss er sich als Subjekt seiner Handlungen fühlen.

Er muss sich ein Identitätsgefühl (das Gefühl seiner selbst), ein Orientierungssystem und ein Objekt für seine Hingabe erst erwerben. Seelische Gesundheit ist gleichbedeutend mit der Entwicklung einer produktiven Orientierung, mit der Fähigkeit, die Welt zu erfassen – im Bereich des Gefühls durch seine Liebe, im Bereich des Denkens durch seine kritische und phantasiereiche Vernunft und im Bereich des Handelns durch seine schöpferische Arbeit und durch Kunst.

Auf dem Gebiet der Erziehung geht es in erster Linie darum, die kritischen Fähigkeiten des Menschen entwickeln zu helfen und eine Basis für den kreativen Ausdruck seiner Persönlichkeit zu schaffen. Das Ziel ist der freie Mensch, der gegenüber Manipulation und Ausnutzung seiner Beeinflussbarkeit zum Vergnügen und Nutzen anderer immun ist.

Erich Fromm[1]

---

[1] *Die Zitate sind der Erich-Fromm-Gesamtausgabe entnommen (1959b, GA IX, S. 336; 1955e, GA VIII, S. 20; 1960b, GA V, S. 34).*

Vorwort

Die vorliegende Einführung in die kritisch-humanistische Erziehung nimmt Grundgedanken der Pädagogik nach Erich Fromm auf. Über einen längeren Zeitraum habe ich diesen Text in Hochschulveranstaltungen zur Erziehungswissenschaft eingebracht und in Diskussionen didaktisch erprobt und weiterentwickelt. Er wird hier in durchgesehener und überarbeiteter Form neu präsentiert. Wie in den ersten Fassungen kommt Fromm in ausführlichen Zitaten selbst zu Wort.

Mit dieser Einführung ist das Bemühen verbunden, anthropologische, sozialpsychologische und gesellschaftstheoretische Grundlagen der Pädagogik nachzuarbeiten, wie sie für eine *Präfigurative Sozialarbeit* wichtig sind, die sich darum bemüht, im pädagogischen Verhältnis zwischen *Sein* und *Haben* als Existenzweisen und Strukturen der Sozialisation zu vermitteln und durch Intervention und Prävention den Umbau der Gesellschaft voranzutreiben und die Menschen zu unterstützen. Der Begriff der *Präfiguration* ist dem Werk Margaret Meads entlehnt und bezieht sich auf die von ihr so bezeichnete „präfigurative Kultur" (M. Mead 1974).

Die Aufgabe der Präfiguration, die Entdeckung und Strukturierung des Neuen in der Gesellschaft mit der Förderung neuer sozialer Lebensformen und Charakterstrukturen, liegt in einem Befreiungsprozess, in dessen Verlauf der erwachsen werdende Mensch seine Konditionierungen und Fesseln abstreift, den *aufrechten Gang* lernt und Produktivität durch Liebe, Vernunft und Tätigsein entfaltet. Erst der sich seiner selbst und seiner Beziehungen zur Welt bewusst werdende Mensch kann sein Leben gestalten, Bewusstheit und Klarheit erlangen und eine authentische Identität ausbilden.

Diese Selbsterziehung erfolgt in einer Zeit, die mit bedrohlichen Entwicklungen verbunden ist, mit Verunsicherungen und Ängsten, die die Frage einschließen, ob wir den nachfolgenden Generationen überhaupt noch eine lebenswerte Welt hinterlassen werden. Auch die Erziehung der Kinder muss sich dieser Frage stellen.

Entweder es gelingt, die lebensbejahenden menschlichen Kräfte zu stärken oder die westliche Zivilisation wird einen Kollaps mit globalen Wirkungen auslösen.

Das vorgelegte Erziehungsmanifest, das in seinen Inhalten deutlich von Erich Fromm beeinflusst ist, versucht auf der Grundlage des Zusammenhangs von Erziehung und Gesellschaft eine Bestandsaufnahme produktiver und destruktiver Tendenzen in der Erziehung und plädiert für eine Pädagogik der Zuwendung, die entmündigende Überwältigung und Instruktion der Kinder und Jugendlichen ablehnt und menschliches Wachstum anstrebt.

Inhaltsverzeichnis

Einleitung

Bei seinen Beiträgen zu *Erziehung* und *Identität* ist Erich Fromm stets von seinem gesellschaftsbezogenen Ansatz einer Analytischen Sozialpsychologie mit dem Theorem des Gesellschafts-Charakters und der sozio-psychoanalytischen Charaktertheorie ausgegangen.

Diesem analytischen Grundsatz entsprechend muss mit Fromm folgerichtig die Erziehung „im Zusammenhang mit der Gesellschaftsstruktur verstanden werden und vor allem als Schlüsselmechanismus bei der Überführung gesellschaftlicher Notwendigkeiten in Charakterzüge" (1949c, GA I, S. 214).

Erziehung wird als ein Prozess begriffen, der von den gesellschaftlichen Notwendigkeiten her untersucht wird. Die Erziehenden sind in der Wahl ihrer Ziele und Mittel keineswegs frei. Im Wesentlichen folgen sie einem gesellschaftlich vermittelten Erziehungsmodell. Um dieses Modell bewusst zu erfahren, ist es notwendig, den Zusammenhang von Gesellschaft und Erziehung zu betrachten. Dies gilt auch für die Untersuchung der Identität. Denn welchen Charakter und welche Identität die meisten Menschen einer Gesellschaft erwerben, ist davon abhängig, nach welchen Prinzipien sich die gesellschaftliche Konstruktion der jeweiligen Lebenswirklichkeit – im Zusammenspiel mit der *Natur des Menschen* – vollzieht.

In ebensolcher soziologischer Prägnanz wie beim Problem der Erziehung versucht Fromm, sich auch der Frage nach der Identität des Menschen anzunähern. Dabei macht er deutlich, dass das Problem der Identität nur mit Hilfe einer Untersuchung des gesellschaftlichen Menschen in seiner Gesellschaft und Kultur lösbar ist. So grenzt Fromm sich etwa von dem diffusen Gesellschaftsverständnis Eriksons ab, der sich als einer der bekanntesten Identitätstheoretiker mit der Psychoanalyse der Identität beschäftigt hat. Seiner Ansicht nach sei Erikson „nicht soweit vorgedrungen, so in die Tiefe gegangen, wie für ein volles Verständnis des Phänomens der Identität und der Identitätskrise notwendig wäre" (1968a, GA IV, S. 322).

© Springer Fachmedien Wiesbaden 2016
B. Bierhoff, *Kritisch-Humanistische Erziehung,* essentials,
DOI 10.1007/978-3-658-12199-0_1

Erikson hat in seinem psychosozialen Entwicklungsmodell der Identität versäumt aufzuweisen, wie Identität und Identitätskrise gesellschaftlich bedingt und sozialstrukturell vermittelt sind. Fromm hingegen widmet sich den gesellschaftlichen Bedingungen der Identitätsbildung und Charakterformung. Dies wird auch an seiner Auseinandersetzung mit der Entfremdungsthematik deutlich. Seine Ausführungen gründen auf soziologischem und psychoanalytischem Denken und bewegen sich zugleich in einem Bereich *Visionärer Soziologie und Sozialphilosophie*. Damit trägt Fromm zur Entwicklung eines Identitäts- und Erziehungskonzepts bei, das das westliche Wissenschaftsmodell und Verständnis der Persönlichkeit überschreitet und sich mit östlicher Weisheit verbindet (vgl. Fromms Auseinandersetzung mit dem Zen-Buddhismus und abendländischer Mystik am Beispiel von Meister Eckhart: 1960a, GA VI, S. 301 ff., 1976a, GA II, S. 307 ff.).

In diesem für das westliche Denken ungewöhnlichen Ansatz dürfte sowohl ein Grund für die verspätete wissenschaftliche Aufnahme und Verarbeitung Frommscher Ideen liegen als auch ein Grund für Verzerrungen seines Denkens in wissenschaftlichen und alltagsweltlichen Rezeptions- und Diskussionskontexten. Diese Verzerrungen beruhen z. B. auf journalistischer Vereinnahmung, erbaulicher Privatrezeption und der Verwertung als personalistischer, sich progressiv gebärdender Manager-Ideologie. Wo beispielsweise Herbert Marcuse als politisch radikaler Denker nicht mehr akzeptiert wird, ist Fromm – auf seine Weise nicht weniger radikal – allemal noch als Erfolgsautor beliebt. Indem er die Herzen der Menschen erreicht, sind die Frommschen Werke in weite Bevölkerungsgruppen geraten, die nicht von wissenschaftlicher Reflexivität geprägt sind und dennoch reflexionstüchtig an der eigenen Identität zu arbeiten versuchen.

Mag der Erfolg Frommscher Werke darauf zurückzuführen sein, dass diese als Konsumartikel zur erbaulichen Selbsttäuschung missbraucht werden können, so scheint doch die Beschäftigung mit Fromm auch das Bedürfnis nach Gesellschaftskritik, Lebensgestaltung und Identitätsentfaltung produktiv anregen zu können. Das Unbehagen an der Marketing-Kultur führt bei vielen Menschen zu dem Bedürfnis nach einer alternativischen Orientierung, die die Besinnung auf Möglichkeiten authentischen Seins in einer vom Haben bestimmten Gesellschaft einschließt.

Damit scheint mir auch schon das markante Motiv Fromms umschrieben zu sein, wie es sich insbesondere in seinem Spätwerk *Haben oder Sein* (1976a, GA II, S. 269 ff.) artikuliert hat: in einer von der Existenzweise des Habens bestimmten Gesellschaft Möglichkeiten authentischen Seins zu entdecken, zu erproben und durchzusetzen; am Aufbau einer von der Existenzweise des Seins bestimmten Gesellschaft mitzuwirken. Dieser als Dialektik der Befreiung beschreibbare Ansatz erfordert nicht nur die Arbeit an der eigenen Identität im Sinne einer lebendigen, produktiven Beziehung zu sich selbst und zu anderen, sondern auch die Beteiligung an den politischen, kulturellen und sozialen Strukturen. Alle Aktivitäten im Gemeinwesen und in der Familie, die Erziehungsarbeit der vielen Mütter und Väter, der professionellen Sozialpädagogen, Sozialarbeiter und Lehrer eingeschlossen, können mit ihren kommunitären Wirkungen zur Entstehung einer „seinsorientierten" Gesellschaft beitragen.

In dem hier vorgelegten *Erziehungsmanifest* sollen einige wesentliche Argumentationslinien Fromms nachgezogen werden, die dem Leser einen einführenden Überblick mit thematischen Vertiefungen vermitteln.

Zum Zusammenhang von Gesellschaft, Identität und Erziehung

Gemäß einer weiten Auslegung dient die Erziehung in der Moderne dazu, eine menschenwürdige Existenz zu ermöglichen und dem zu Erziehenden im Prozess des Ringens um Identität und bei der Entfaltung seiner Individualität zu begleiten. Dabei muss nicht die *Erziehungsbedürftigkeit* die vorrangige Zugangskategorie sein (vgl. Handbuch 1970, S. 405 ff.). Statt einer Mangelkategorie wie *Instinktentbundenheit* lässt sich auch eine Konstruktion wählen, die von der Reichhaltigkeit der biologischen und psychosozialen Ausstattung des Menschen ausgeht und die menschliche *Weltoffenheit* betont.

Dieser anthropologischen Auffassung folgend, bestimmt Fromm die Natur des Menschen *positiv* als ein Möglichkeitspotenzial und betreibt ansonsten eine *negative* Anthropologie und Psychologie, die insbesondere zeigen will, dass der Mensch nicht das ist, was aus ihm – über die Vermittlung des Gesellschafts-Charakters – in Prozessen der Sozialisation und Erziehung gemacht wird.

Der hier wichtige Begriff des *Gesellschafts-Charakters* (engl.: *social character*, deutsch auch: *Sozialcharakter*) bedarf einer näheren Erläuterung, insbesondere was seine Funktion anbelangt.

Als Vermittlungsglied zwischen „individueller psychischer Struktur und sozio-ökonomischer Struktur" (GA II, S. 364) erfüllt der *Gesellschafts-Charakter* die Funktion, die Menschen so zu formen, dass sie in die gegebene Gesellschaft hineinpassen und motiviert sind, so zu handeln, wie die Gesellschaft es von ihnen erwartet. „Die sozio-ökonomische Struktur einer Gesellschaft formt den Gesellschafts-Charakter ihrer Mitglieder dergestalt, dass sie tun wollen, was sie tun sollen..." (ebd.).

Beim Gesellschafts-Charakter, der das Fundament für die Ausprägung des Individual-Charakters liefert, handelt es sich um eine Strukturbeschreibung, die die grundlegenden sozialen Muster erfasst, nach denen sich der Individual-Charakter ausbildet.

© Springer Fachmedien Wiesbaden 2016
B. Bierhoff, *Kritisch-Humanistische Erziehung,* essentials,
DOI 10.1007/978-3-658-12199-0_2

In der verwalteten Welt ist der Gesellschafts-Charakter in seinen nichtproduktiven Ausprägungen von Warenfetischismus und Verdinglichung geprägt. Fromm gebraucht hier zur näheren Bestimmung den seit der zweiten Hälfte des 20. Jahrhunderts verbreiteten *Marketing-Charakter*, der auf die Existenzweise des Habens fixiert ist und sich als Ware auf dem „Beziehungsmarkt" vergegenständlicht:

> Ich habe die Bezeichnung ‚Marketing-Charakter' gewählt, weil der einzelne sich selbst als Ware und den eigenen Wert nicht als ‚Gebrauchswert', sondern als ‚Tauschwert' erlebt. Der Mensch wird zur Ware auf dem ‚Persönlichkeitsmarkt'... (1976a, GA II, S. 374; vgl. ausführlich: ebd., S. 374 ff.)

Der Gesellschafts-Charakter (als Marketing-Charakter) ist eine zeitspezifische Form, in die die „Natur" des Menschen gegossen und dabei sozial ausgerichtet und vereinseitigt wird. Sein Fundament heute sind Tauschwert und Konsum, auf denen lediglich eine „Pseudo-Identität" entstehen kann; die tauschwertorientierten Entfaltungssurrogate – vermittelt über den „Identitäten-Markt" – verhindern, dass das Individuum zu sich selbst findet und seine Individualität entfaltet, statt seine Ohnmacht und Langeweile nur notdürftig zu kaschieren. So wird bei der Charakterformierung, die Fromm mit der Marketing-Orientierung beschreibt, ein authentisches Identitätserleben verunmöglicht. Entfremdung ist die Folge:

> Bei der Marketing-Orientierung aber steht der Mensch seinen eigenen Kräften als einer ihm fremden Ware gegenüber. Er ist nicht mit ihnen eins, vielmehr treten sie ihm gegenüber in einer Rolle auf; denn es kommt nicht mehr auf seine Selbstverwirklichung durch ihren Gebrauch an, sondern auf seinen Erfolg bei ihrem Verkauf. Beides, die Kräfte und das, was sie hervorbringen, sind nichts Eigenes mehr, sondern etwas, das andere beurteilen und gebrauchen können. Daher wird das Identitätsgefühl ebenso schwankend wie die Selbstachtung; es wird durch die Summe der Rollen bestimmt, die ein Mensch spielen kann: ‚Ich bin so, wie ihr mich wünscht.'... Da der Mensch nicht leben kann, wenn er an der eigenen Identität zweifelt, muss er in der Marketing-Orientierung die Gewissheit der eigenen Identität nicht in sich oder in seinen Kräften suchen, sondern in dem, was andere über ihn denken... (1947a, GA II, S. 50, im Original tw. kursiv)

Aus der Marketing-Orientierung kann nur ein prinzipiell gefährdetes Identitätsgefühl resultieren, das stets mit der Angst vor dem Verlust der Identität verbunden ist. „Wenn man glaubt, der eigene Wert sei nicht von eigenen menschlichen Qualitäten abhängig, sondern von dem Erfolg bei ständig wechselnden Marktbedingungen, dann muss die Selbstachtung unsicher werden und ein ständiges Bedürfnis nach Bestätigung durch andere entwickeln" (ebd.).

Die Marketing-Orientierung hat Fromm später in der „Habenorientierung" variiert. Um Anerkennung zu finden, befolgt der konforme Mensch nicht nur die gesellschaftlichen Klischees, um in den Augen anderer etwas zu gelten, sondern setzt sich auch durch konkurrenzhaftes Übertreffenwollen in Beziehung. Den ständig drohenden Selbstverlust im Vergleich zu den anderen versucht er durch Selbstbehauptung in der Konkurrenz, durch demonstrativen Konsum, durch den Besitz äußerlicher Attribute, die zu Identitätssurrogaten werden, auszugleichen. Damit ergibt er sich der Lebensweise des Habens: Identität wird zu etwas schablonenhaft Vervielfältigtem und Besitzbarem. Der einzelne erlebt „sich selbst als Ware und den eigenen Wert nicht als ‚Gebrauchswert', sondern als ‚Tauschwert'" (1976a, GA II, S. 374), und hat sich damit dem Marktmechanismus unterworfen, der keine eigentliche Individualität ermöglicht, sondern diese im Massenkonsum einebnet. Das entstehende Pseudo-Ich ist eine Art buntes Collagen-Ich, aus marktgerechten Bausteinen zusammengewürfelt, das seinen Zusammenhalt auf der Grundlage der Marketing-Struktur findet, die gleichsam „Normalität" garantiert, mithin gar Erfolg, Geld und Karriere verspricht – unter der Auflage, so zu sein wie alle anderen, mit dem „richtigen" marktgemäßen Grad an Individualität im Sinne passend gewählter Eigenschaften. Mit der an anderer Stelle – in seinem späteren Ansatz – getroffenen Unterscheidung von „Ich" und „Ego" (bzw. „Selbst" und „Ego") gerät Fromm in die unmittelbare Nähe zur fernöstlichen Mystik, die ihm insbesondere in der Form des Zen-Buddhismus vertraut war (siehe: 1960a, GA VI). Sein späterer Ansatz ließe sich treffend als *visionäre* Soziologie und Sozialpsychologie bezeichnen, mit der er das verengte westliche Wissenschaftsverständnis überwinden will. Aus seinem Werk spricht keine gelehrige, menschenferne Wissenschaft, sondern eine tiefe Einsicht in die unbewussten und sozialstrukturellen Hintergründe menschlichen Erlebens und Verhaltens.

Entsprechend kommt hier eine Ansicht über die Entwicklung des menschlichen Selbst zum Ausdruck, die Fromm im Wesentlichen mit anderen radikalen humanistischen Denkern wie z. B. Alan Watts und Ronald Laing teilt. So schreibt Laing: „Wahre Gesundheit bewirkt in der einen oder anderen Weise die Auflösung des normalen Ego, jenes falschen Selbst, das unserer entfremdeten sozialen Realität völlig angepasst ist…" (Laing 1969, S. 133).

Laing unterscheidet das „verkörperte vitale Selbst" von dem von „generalisierter Leblosigkeit" überwucherten „verkörperten ‚falschen' Selbst", welches jedoch immer noch einen Kern von „innerem Selbst" einschließt, das authentische Züge trägt.

Fromm beschäftigt sich mit dem Verlust des Selbst – etwa wenn er die Tendenz beschreibt, das individuelle Selbst durch Fluchtmechanismen loszuwerden – *und* der Transzendierung des Egos. Beide Autoren – Fromm und Laing – setzen sich mit Prozessen auseinander, die eine authentische Identität (das „wahre" Selbst), verhindern, stören oder ermöglichen (vgl. Fromm 1941a, GA I, S. 365; Laing

1977, S. 33 ff.). Watts und Govinda zeigen die Paradoxie des Versuches auf, das Ich loszuwerden:

„Die Leute wollen ihr Ich loswerden, was an sich gut ist. Doch können wir unser Ich gar nicht loswerden" (in: Watts und Govinda 1979[2], S. 70), da das Loswerden des Ich einer Ich-Handlung gleichkommt. „Darum sagt Alan Watts mit Recht: ‚Sein Ich loszuwerden ist der beste Zufluchtsort unseres unbezwingbaren Ichs'" (ebd., S. 71). Falsche Selbstlosigkeit wie auch ein übermächtiges Ego sind Formen von Pseudo-Identität, wie sie durch Sozialisation und Erziehung massenweise erzeugt werden.

Dabei ist die Erziehung zum Produktionsverhältnis geworden, das Defizite an liebevoller Begleitung und Zuwendung beinhaltet und die Menschen für die Zwecke des Gesellschaftssystems zurechtschleift.

Hat ein Kind den an der Marketing-Struktur orientierten Erziehungsprozess durchlaufen und ist es „erwachsen" geworden, so hat es die Kunst des Lebens, die „Kunst der Kontemplation" (Watts und Govinda 1979[2]), lebendiges Leben im Sein, nie erfahren. Stattdessen jagt es dem Schein der gesellschaftlichen Glücksversprechen nach. Es wird „erfolgreich" sein wollen, sich ein „Mitteluniversum" schaffen und alles zum bloßen Mittel des Habens machen. Das Perfektionsideal in der Welt des Habens, der in sich unstimmige Versuch, die Pseudo-Gefühle und das Pseudo-Denken zu optimieren, führt zur Verleugnung menschlichen Wachstums. Der Perfektionismus ist die Ideologie einer sterilen, toten Welt, die ihre prinzipielle Unvollkommenheit verdrängt und menschliches Wachstum durch Manipulation und Effizienzstreben verhindert.

Die verdrängte Unvollkommenheit verkehrt sich in Stagnation und Destruktivität. Diese sind mit Fromm als die „Folge des ungelebten Lebens" zu begreifen.

Wenn die eigene Unvollkommenheit jedoch bewusst angenommen wird, kann sie produktiver Impuls für menschliches Wachstum sein. Sie gründet auf dem Verzicht, Menschen in die Schablonen des Erfolgs zu pressen und auf ein Marionettendasein zu reduzieren. Die Fülle des gelebten Lebens, die „Liebe zum Leben", kann nur aus einer sozialen Situation resultieren, die auf Überwältigung, Perfektions- und Sicherheitsdenken, Verzweckung der Welt, bloße Imitation, Verdrängung der Gefühle und spielerischer Freude verzichtet.

Obwohl das humanistische Erbe unserer Kultur in der Pädagogik immer wieder aufgenommen wird, ist die reale Erziehung den humanistischen Zielen oftmals – wenn nicht gar meistens – entgegengesetzt. Im Mittelpunkt von Erziehung steht die kulturelle Tendenz der Konformität und Konformitätserzeugung, die durch Unterdrückung freiheitlicher Impulse realisiert wird.

Die Unterdrückung spontanen Fühlens und die hierdurch hervorgerufene Beeinträchtigung der Entwicklung einer echten Individualität beginnt schon sehr früh, praktisch bereits mit den ersten Erziehungsmaßnahmen beim Kleinkind. (Fromm 1941a, GA I, S. 358)

Häufige Folge der Erziehung in unserer Kultur ist nach Fromm die „Ausrottung der Spontaneität" (ebd.). Das Kind wird durch Erziehung – oft verbunden mit der Androhung von Liebesentzug – gezwungen, seine spontanen Impulse und Gefühle zu verdrängen und durch eine Reihe von „Pseudo-Gefühlen" zu ersetzen (vgl. ebd., S. 358 f.).

> Genauso wie unsere Gefühle und unsere Emotionen wird auch unser ursprüngliches Denken entstellt. Von Anfang an läuft unsere Erziehung darauf hinaus, das Kind am selbständigen Denken zu hindern und ihm fertige Gedanken in den Kopf zu setzen. (ebd., S. 361)

Diese repressive Form von Erziehung lässt sich als „negative Erziehung" kennzeichnen; sie kann von ihren „negativen Auswirkungen" aufgerollt werden. Im Gegensatz dazu steht eine nichtrepressive Erziehung, die als „positive Erziehung" bezeichnet werden kann. Fromm:

> Die Verhinderung der freien Lebensentfaltung, Manipulation, Einschüchterung, kurz jede Bedingung, die das Wachstum beeinträchtigt, hat negative Auswirkungen. Freiheit, Spontaneität und Wachstum – Bedingungen, die jedes Individuum als Selbstzweck und nicht als Mittel für die Zwecke anderer betrachten – führen zu einem positiven Ergebnis. (GA V, S. 6)

Wenn auch die Alternative zu dieser herkömmlichen Erziehung nicht einfach zu beschreiben ist, werden sich die Konturen der neuen Erziehung in dem Maße konkretisieren, wie die neuen Erziehungsideen sich als eine Antwort auf Bedürfnisse des heutigen Menschen erweisen.

Fromm bemüht sich in seinem soziopsychoanalytischen und visionären Ansatz um eine Klärung der Frage, wie eine Erziehung ohne negative Auswirkungen in der heutigen Gesellschaft möglich wird. Seinem Ansatz folgend, lässt sich diese positive Erziehung nicht normativ als zu praktizierendes Modell setzen. Vielmehr ist zu fragen, aufgrund welcher gesellschaftlichen Widersprüche und Konfliktsituationen Tendenzen zu einer solchen Erziehung entstehen und worin die Keime für einen neuen seinsorientierten Gesellschafts-Charakter liegen.

Mir erscheint es zweckmäßig, hier einen Begriff einzuführen, der im Zusammenhang mit einem brüchig werdenden Gesellschafts-Charakter zu sehen ist, der sich – wie Fromm sagt – vom Mörtel zum Sprengstoff einer Gesellschaft wandelt. Es ist der Begriff der *präfigurativen Charaktersituation*, der hier in Anlehnung an Margaret Mead gebraucht wird, die die Kulturentwicklung in einem „Drei-Kulturen-Modell" typisiert hat (Mead 1974).

Mead unterscheidet drei Kulturtypen: die *postfigurative* Kultur, die vergangenheitsorientiert und relativ wandlungslos ist; die *kofigurative* Kultur mit Traditions- und Bindungsverlusten, aus denen die Notwendigkeit zur Neuorientierung und Bewältigung der gegenwärtigen Herausforderungen erwächst; und schließlich die *präfigurative* Kultur der Zukunft, die produktiv etwas Neues schafft und einen grundsätzlichen Wandel von Mensch und Gesellschaft beinhaltet.

Nach meiner Auffassung kann dieses Kulturmodell keinen realanalytischen Gehalt beanspruchen, sondern ist lediglich aus heuristischen Gründen interessant. Es liefert eine einfache Deutung der Kulturentwicklung. Die präfigurative Charaktersituation markiert den Übergang zu einer neuen Kulturstufe und ist mit der Hypothese verbunden, dass sich in unserer Gesellschaft ein Transformationsprozess zum Präfigurativen hin vollzieht.

Zunächst lässt sich die präfigurative Charaktersituation mit dem Verlust tradierter Formen und Inhalte des Gesellschafts-Charakters beschreiben. Ein solcher Verlust ist bereits bei der kofigurativen Kultur feststellbar. Wie Mead ausführt, hängt das Entstehen einer kofigurativen Kultur mit dem Ausfall der Großeltern in der gegenwärtigen Kleinfamilie zusammen. „Wenn die Großeltern physisch nicht mehr in der Welt der heranwachsenden Enkel präsent sind, werden die Zukunftserfahrungen des Kindes um eine Generation verkürzt und seine Bindungen an die Vergangenheit geschwächt. Dann verschwindet das wesentliche Merkmal der postfigurativen Kultur" (Mead 1974, S. 64).

Mit dem Schwinden der Vergangenheits- und Traditionsbindung entsteht für die heranwachsende Generation wie auch für die Elterngeneration die Notwendigkeit, sich immer wieder neu zu orientieren. Der „Marketing-Charakter" nach Fromm mit seiner Fähigkeit, Haltungen abzustreifen, in neue Rollen zu schlüpfen, neue Verhaltensmuster zu erproben, kann hier als Beschreibung für den Gesellschafts-Charakter einer kofigurativen Kultur genommen werden. In einer präfigurativen Situation dagegen reicht die bloße Rollenidentität mit ihrer Konformität, ihren vorfabrizierten Haltungen und Verhaltensmustern nicht aus, um wirklich Neues zu schaffen, präfigurativ zu sein. Der Wandel von der postfigurativen zur kofigurativen Kultur brachte eine verstärkte „Außenleitung" des Menschen (vgl. Riesman u. a.), eine Orientierung am „Identitäten-Markt" (vgl. Berger/Luckmann). Der Wandel zur präfigurativen Kultur verlangt eine stärkere Orientierung am Hier und Jetzt, an den aktuellen Erfahrungen, verlangt spontanes und inventives Verhalten, und verweist damit auf eine neue Weise der Erfahrung und Verarbeitung von Realität, mit der die alten Wege als nicht mehr begehbar erkannt und verworfen werden. Trägersubjekt der Erneuerung ist das Kind bzw. der junge Mensch und nicht mehr die Generation der Eltern und Großeltern (vgl. Mead 1974, S. 104, 109).

Im Übergang zur präfigurativen Kulturstufe entstehen mit der Veränderung der materiellen Produktivkräfte (Digitalisierung der Gesellschaft) neue Anforderungen an die menschlichen Produktivkräfte, die im Wandel der Arbeitsgesellschaft zur Dienstleistungsgesellschaft und wissensbasierten Gesellschaft von bestimmten Formen entfremdender Arbeit freigesetzt sind. Derzeit wird das „Recht auf Arbeit" zunehmend von dem „Recht auf Einkommen" abgelöst. Möglicherweise befinden wir uns in einer Epoche, in der das „Reich der Notwendigkeit" schrittweise vom „Reich der Freiheit" abgelöst wird. Ein solcher Übergang, wie er in Anlehnung an Karl Marx beschreibbar ist, kann sich jedoch nicht aufgrund eines historischen Automatismus ergeben, sondern nur das Werk freier Menschen sein.

In einer Phase des Umbruchs geraten Marx zufolge die gesellschaftlichen Verhältnisse mit den (menschlichen und materiellen) Produktivkräften in einen Widerspruch. Marcuse, der diese Annahme teilt, stellt ergänzend fest, dass die materiellen Produktivkräfte ohne die gleichsinnige Bewegung freier Menschen die herrschende Gesellschaftsform hin zu einem befreiten Sein nicht aufzusprengen vermögen. Es müssen sich also die Menschen zu den selbstbewussten Subjekten des gesellschaftlichen Umbruchs entwickeln, denn nur sie können die Möglichkeiten eines befreiten Daseins realisieren. Auf der Grundlage dieser Ansicht ist es naheliegend, das Hauptaugenmerk auf die Menschen zu richten und auf die Veränderungen im Gesellschafts-Charakter, die diesen vom Mörtel zum Sprengstoff der gesellschaftlichen Verhältnisse umwandeln.

Auf diesem Hintergrund lässt sich die These von der präfigurativen Charaktersituation verstehen. In der gegenwärtigen Situation können die sich zuspitzenden krisenhaften Tendenzen die produktiven Kräfte des Menschen stimulieren und damit die Chance erhöhen, sein Überleben als Gattungswesen in einer Weltgesellschaft zu sichern, die zunehmend durch Vernunft, Liebe und Empathie bestimmt wird.

Mit der präfigurativen Charaktersituation ist für die Erziehung wie für die alltägliche Lebensgestaltung das Problem gegeben, dass jemand als erwachsen werdender Mensch Konditionierungen und Fesseln abstreifen muss. Frage ist auch, wie dieser Befreiungsprozess – von Erziehung unterstützt – vonstatten gehen kann. Wie kann der Mensch den „aufrechten Gang" erlernen? Wie kann er Bewusstheit über sich und seine Beziehungen zur Welt erlangen? Wie kann er mit Vernunft und Liebe sein Leben gestalten und sich den dringenden Herausforderungen der Gegenwart stellen?

Der heutige Mensch, der von der Marketing-Orientierung geprägt ist, steht am Scheideweg. Er muss sich für einen unproduktiven oder einen produktiven Weg entscheiden. Vielleicht kommt ihm bei einer produktiven Entscheidung die gesellschaftlich immanente Experimentierhaltung und Flexibilität entgegen. In der Ausprägung des Marketing-Charakters übernimmt der Mensch verschiedene Haltungen. Er erprobt dabei auch neue Haltungen, er überprüft vielleicht auch, ob sie zu seiner verdeckten Individualität passen und diese hervorzulocken vermögen. Entscheidend ist, ob er Haltungen findet, die die Marketing-Existenz überschreiten. Frage ist: Wo bietet die Widersprüchlichkeit und Polyvalenz des Marketing-Charakters – seine Flexibilität, Erprobungsbereitschaft, maskierte Identität – reale Einbruchstellen für Veränderungen, die die alte Struktur transzendieren? Die Marketing-Orientierung ist ja nicht ein in „Reinkultur" auftretender Realtyp, sondern ein Idealtyp. Im jeweiligen Individual-Charakter mag sie die vorherrschende Orientierung sein, tritt aber in einem Mischungsverhältnis auf, mit mehr oder weniger produktiven Tendenzen kombiniert, die oftmals in die Privatsphäre verbannt sind. Dabei kann das Gefühl von Ohnmacht und Langeweile eine Einbruchstelle für eine neue Lösung des Sinnproblems sein, sofern es dem Menschen gelingt, seiner eigenen Gefühlsrealität standzuhalten, ohne in Illusionen oder kompensatorische Aktivitäten zu fliehen.

Ob die Kritik an der überkommenen Lebensweise, die durch Überwältigungs- und Instruktionspädagogiken zementiert wird, sich zu konstruktiven Lösungen entwickeln kann, ist keine Frage, die bloß theoretisch und interpretierend zu entscheiden ist. Es bringt wenig, die Pädagogik des Seins als neue Wachstumspädagogik, die die lebensbejahenden freiheitlichen Tendenzen im Menschen stützen und fördern will, lediglich normativ-idealistisch zur Alternative zu erheben. Vielmehr sind ihre Realisierungsbedingungen zu überprüfen und praktisch zu erweitern. Dabei kann eine neue Interpretation des Erziehungsgeschehens im Zusammenhang mit Gesellschafts- und Identitätsstrukturen helfen, praktisch-normative und handlungsbezogene Ansatzpunkte zu entwickeln. Im Sinne des gesellschaftsdeterminierten Ansatzes von Erich Fromm lassen sich etwa folgende Fragen stellen, von deren Beantwortung es abhängt, inwieweit eine neue Erziehung in der Praxis Umsetzungschancen hat.

Wo findet die Erziehung zum Sein innerhalb der entfremdeten Gesellschaft punktuell oder tendenziell reale Möglichkeiten vor? Wo gibt es Widersprüche und Alternativen innerhalb der herrschenden Strukturen? Wo ist der Gesellschafts-Charakter in seiner systemstabilisierenden Funktion brüchig geworden? Wo ist keimhaft die Alternative einer authentischen Identität mit Wirkmächtigkeit und Produktivität zu finden? Welche (Erziehungs-) Ideen gewinnen – in Relation zu den sich entwickelnden Bedürfnissen der Menschen, ihren Lebenssituationen, ihrem Ringen um Identität – Aufnahme- und Realisierungsbereitschaft?

Die Natur des Menschen und ihre Zerstörung im Prozess der Erziehung

Der Mensch wird frei geboren, nicht als Sklave. Seine Natur ist seine Entfaltung, die Verwirklichung seiner Freiheit.

Jede Erziehung gründet auf Vorstellungen über die „menschliche Natur". Diese lässt sich als das plastische Material menschlicher Veränderung verstehen, das im Sozialisations- und Erziehungsprozess geformt bzw. verformt wird.

Es gibt eine Vielzahl von Vorstellungen über die Natur des Menschen. Einmal ist der Mensch ein gesellschaftlich gezähmtes Raubtier, ein andermal eine „tabula rasa". Doch wird weder das Modell von der „Wolfsnatur" (Hobbes: *homo homini lupus* – der Mensch ist seinem Mitmenschen ein Wolf) noch das vom Menschen als „unbeschriebenes Blatt" mit unbegrenzter Formbarkeit der „menschlichen Natur" gerecht (vgl.: Goodman, o. J., S. 35 ff.; Fromm 1964a, GA II, S. 164 ff.; Fromm 1949c, GA I, S. 211).

Beide Modelle sind in ihren Grundannahmen pessimistisch; entweder ist der Mensch von Natur aus böse und destruktiv und muss gesellschaftlich „gezähmt" werden oder er ist für alle Lebensformen – ob Sklaverei, ob Freiheit – gleich gut geeignet. Der Beliebigkeit und Willkür sind die Tore geöffnet. Der Mensch ist das, was die Gesellschaft aus ihm macht: ob die Zähmung seiner Wolfsnatur mehr oder minder gelingt, ist der Gesellschaft zu danken; ob er in Ketten oder mit Blumen lebt, ist ebenso gesellschaftlicher „Zufall".

Solche Bestimmungen der menschlichen Natur sind falsch und gefährlich, weil sie der Rechtfertigung der Unfreiheit, der Unbewusstheit und Destruktivität einer Gesellschaft dienen. Erst die Gesellschaft macht den Menschen zum Wolf oder zum Sklaven. Das ist nicht die Natur des Menschen, sondern die gesellschaftliche Zerstörung seiner Natur.

Entschieden wendet sich Fromm gegen den Missbrauch der Vorstellungen zur Natur des Menschen: „Der Begriff der ‚menschlichen Natur' musste bis in unsere

© Springer Fachmedien Wiesbaden 2016
B. Bierhoff, *Kritisch-Humanistische Erziehung,* essentials,
DOI 10.1007/978-3-658-12199-0_3

Tage nur allzu oft für die Zwecke von Staat und Gesellschaft herhalten" (1968a, GA IX, S. 376).

Die zu vermeidenden Extrempositionen bei der Bestimmung der menschlichen Natur sieht Fromm in der apologetischen bzw. „reaktionären" Position, die „eine festgelegte und unveränderliche Natur des Menschen" unterstellt, und in der sich neutral und unverbindlich gebenden „relativistischen" Position, nach der „es nichts gibt, was allen Menschen gemeinsam wäre", abgesehen von ihrer Anatomie und Physiologie (1968g, GA IX, S. 378).

Fromm wählt hier einen anderen Weg. Bei seiner Auseinandersetzung mit dem Problem der Natur des Menschen sind für ihn stets die überzeugungen leitend gewesen, „dass der Mensch kein Ding ist und für niemanden als Mittel zum Zweck dienen darf" und dass der Mensch „nicht völlig definierbar ist" (ebd., S. 380 f.). Immer lernen wir nur die historischen Ausformungen seiner Natur kennen. Zu dem Möglichkeitspotenzial der menschlichen Natur jedoch haben wir keinen vollständigen Zugang. Im Zeitablauf der menschlichen Gattungsgeschichte entschlüsselt sich erst das, was der Mensch von seinen Möglichkeiten her werden kann. Vieles, das einer als konstant gedachten „Natur" des Menschen zugerechnet wurde, entschleiert sich als Fehlglaube.

Nach Fromm ist die menschliche Natur

> weder eine biologische von vornherein festgelegte, angeborene Summe von Trieben, noch ist sie der leblose Schatten kultureller Muster, dem sie sich reibungslos anpasst. Sie ist vielmehr das Produkt der menschlichen Entwicklung, doch besitzt sie auch ihre eigenen Mechanismen und Gesetzmäßigkeiten. Es gibt in der menschlichen Natur gewisse Faktoren, die festgelegt und unveränderlich sind: die Notwendigkeit, die physiologisch bedingten Triebe zu befriedigen, und die Notwendigkeit, Isolierung und seelische Vereinsamung zu vermeiden. (1941a, GA I, S. 230)

Dies gelingt im Sinne des überlebens nur, wenn der einzelne die jeweilige Lebensweise annimmt, die er mit seiner Geburt vorfindet. Seine angeborenen Triebkräfte werden an die Kulturdynamik angepasst, so dass er den im Produktions- und Verteilungssystem liegenden „Notwendigkeiten" folgt. Die menschliche Triebstruktur wird so geformt, dass Gefühle und Motive in übereinstimmung mit den Anforderungen der Lebensweise ihren Ausdruck finden und ihrerseits den gesellschaftlichen Prozess mitgestalten (vgl. ebd.).

In seinem Menschenbild vertritt Fromm eine Position, die zum einen die Formbarkeit des Menschen durch soziale Umweltfaktoren und wirtschaftliche Strukturen berücksichtigt. Zum anderen ist Fromm davon überzeugt, dass aus den in der menschlichen Natur verankerten physiologischen Bedürfnissen und psychologischen Eigenschaften Befriedigungsnotwendigkeiten resultieren, die dem Menschen wesensgemäß sind und nicht unterdrückt werden dürfen. Als die wichtigste Eigenschaft wertet Fromm die Tendenz zu wachsen, sich zu entwickeln und die Möglichkeiten zu realisieren, die der Mensch im Laufe seiner Geschichte entwickelt hat – wie zum Beispiel die Fähigkeit zum schöpferischen und kritischen Denken und zum Erleben differenzierter emotionaler und sinnlicher Erfahrungen. Alle diese Möglichkeiten haben ihre eigene Dynamik. Nachdem sie sich einmal im Evolutionsprozeß entwickelt haben, streben sie danach, sich irgendwie auszudrücken. (1941a, GA I, S. 385)

So kommt Fromm zu der Ansicht, dass der Mensch sich zwar an die unterschiedlichsten Lebensbedingungen anpassen kann, dies aber nicht gleichbedeutend mit Beliebigkeit ist. Er hält den Menschen keineswegs für so etwas wie ein „unbeschriebenes Blatt", auf das die jeweilige Kultur ihren Text schreibt. Vielmehr sind in der Natur des Menschen „Bedürfnisse wie das Streben nach Glück, Harmonie, Liebe und Freiheit" verankert, die auch gegen Widerstände zur Realisierung drängen und den Prozess der Geschichte mitbestimmen, indem sie die Bedingungen für eine adäquate Befriedigung der menschlichen Grundbedürfnisse verbessern (1949c, GA I, S. 211).

Eine Fromm vergleichbare Position zur menschlichen Natur vertritt Paul Goodman. Der konditionierte, von repressiven Strukturen eingeschlossene und in seiner Entfaltung verhinderte Mensch ist „wider seiner Natur" domestiziert und sozialisiert; er ist gefügig gemacht. Wenn bereits Kinder verhaltensgestört, grausam, enttäuscht, apathisch, gefühlskalt oder unzugänglich sind, so sagt dies nur etwas darüber aus, was diesen Kindern angetan wurde.

In solchen Fällen scheint der Verlust von Kraft, Anmut und Gefühl zu beweisen, dass die erworbenen kulturellen Gewohnheiten nicht ihren Rückhalt in der eigenen Lebenskraft des Kindes haben; sie gehen dem Kind gegen den Strich, sie passen nicht zu seinen Wünschen und Bedürfnissen, und deshalb sind sie schlecht übernommen und nicht assimiliert worden. Unter diesen Umständen können wir auch ohne Definition der ‚menschlichen Natur' genau sagen, dass bestimmte Erziehungsversuche ‚gegen die menschliche Natur' sind und dass es gefährlich ist, darauf zu beharren. (Goodman, o. J., S. 36)

Der Mensch ist ein auf Entwicklung hin angelegtes Möglichkeitspotenzial. Er ist das einzige Lebewesen, das von Geburt an nicht „verwirklicht" ist, sondern einer zweiten – „gesellschaftlichen" – Geburt bedarf, die seine Möglichkeiten real werden lässt. Er ist auf Wachstum angelegt, auf Bewusstheit und Freiheit.

Die Erziehung steht diesen Möglichkeiten oft im Wege, insofern sie nur wenige Möglichkeiten realisiert und andere verschüttet. Vermittelt über den „Gesellschafts-Charakter" werden die gesellschaftlich definierten Notwendigkeiten den Menschen im Erziehungsprozess nahegebracht, so dass diese schließlich mit dem Gefühl von Freiheit das tun, was von ihnen verlangt wird. So ist der Gesellschafts-Charakter auf das Reich der Notwendigkeit bezogen, nicht auf das Reich der Freiheit. „Setze den Menschen als Menschen und sein Verhältnis zur Welt als ein menschliches voraus, so kannst du Liebe nur gegen Liebe tauschen, Vertrauen nur gegen Vertrauen." Das ist die Marxsche Vision des Reichs der Freiheit jenseits der bloßen Notwendigkeit, in dem die Menschen ohne die Verblendung – wie sie die Marketing-Orientierung erzeugt – selbstbestimmt und solidarisch leben können. Alternative Erziehung im Sinne des Seins ist der kontrafaktische Versuch, das Reich der Freiheit vorwegzunehmen und zu realisieren.

Der Gesellschafts-Charakter ist eine Art Schablone, durch die die Natur des Menschen gedrückt wird, bis sie in die vorgegebene Gesellschaft passt. Gerät – wie in der industriellen Moderne – Erziehung zum „Produktionsprozess" (Produktion von Untertanen in formellen institutionell organisierten Lernprozessen), so wird der konforme eindimensionale Mensch durch Prozesse der manipulativen Einwirkung wie am Fließband „hergestellt" und mit marktgerechter Pseudo-Identität ausgestattet. Dieser Prozess der Herstellung von Untertanen wird als Erziehung und Sozialisation beschrieben. Der Gesellschafts-Charakter, der das Fundament für die Ausprägung der Persönlichkeitsstrukturen liefert, gerät hier in die Nähe einer erstarrten Form, die auch als „Charaktermaske" (Marx) oder als „Charakterpanzer" (Reich; Lowen) beschrieben werden kann.

Die Gesellschaft des Habens und Konsumierens gründet auf einem Gesellschafts-Charakter, der lediglich Pseudo-Individualität erzeugt. Zu ihrem effektiven Funktionieren braucht sie keine authentische Individualität (Fromm: „echte Identität"), sondern lediglich Rollenmasken und Rollenklischees (Fromm: „Pseudo-Identität", „Ego- Identität"). Die Vereinseitigung des Menschseins in einer solchen Pseudo-Individualität mit der beliebigen Austauschbarkeit der Haltungen, gemäß den jeweils nachgefragten Verhaltensmustern, macht den Menschen zum angepassten, berechenbaren Faktor im Getriebe der Institutionen.

Auf diese Weise wird der seinen Möglichkeiten entfremdete Mensch manipulierbar und beherrschbar. Paradoxerweise ergreift er dankbar die Stützen und Surrogate der Güter- und Bewusstseinsindustrie, die seine entfremdete Existenz noch verstärken und ihn von seiner inneren Misere ablenken. Doch findet sein Bedürfnis nach Ausdruck, Selbstdarstellung und Verwirklichung lediglich einen verdinglichten Ausdruck. Das aus diesem Betrug resultierende Unwohlsein mit der „eigenen", doch letztlich fremdverordneten Lebensgestaltung bleibt an der Grenze des Bewusstseins und überflutet das Ich zeitweise mit Gefühlen der Sinnleere und des Leidens – ein Grund mehr, sich erneut in das Getriebe der Vergnügungs- und Freizeitindustrie zu stürzen und durch bloße Geschäftigkeit das Unwohlsein – die *Malaise*, wie Fromm sie bezeichnet hat (vgl. 1960a, GA VI, S. 305) – in seine unbewussten Schranken zurückzudrängen.

Die Bekämpfung des Unwohlseins mit gesellschaftlichen Gegenmitteln überdeckt das Streben des Menschen, der zu werden und zu sein, der er sein kann, wenn er seine Individualität zum Ausdruck bringt. Dennoch verbirgt sich hinter der Rollenmaske und Pseudo-Identität, mehr oder weniger verschüttet, ein entwicklungsfähiges Potenzial an Vernunft und Authentizität. Um sich selbst zu finden und der eigenen Natur gemäß zu leben, ist das „Ego" mit seiner Pseudo-Identität als Selbsttäuschung zu entlarven. Im Ego drückt sich lediglich die Konformitätserwartung der gesellschaftlichen Umwelt aus. Das Ego setzt sich aus den tauschwertbezogenen Eigenschaften zusammen, die auf dem „Persönlichkeitsmarkt" gefragt sind. Erfolgsstreben und Konkurrenzverhalten stärken das von anderen Menschen abgegrenzte Ego. Das „Ich" oder „Selbst" ist demgegenüber als egolose Individualität zu verstehen, die dem einzigartigen Sein eines jeden Menschen entspricht, in dem sich das Gattungswesen (die gesamte Menschheit) in individuell-besonderer Weise realisiert hat.

Im Sinne dieser Betrachtungsweise kann Erziehung als die Hervorlockung des Selbst, als die Bildung „authentischer Identität" – und als Abbau der „Pseudo-Identität" – verstanden werden. Ziel der Erziehung ist der Mensch, der sich in seiner Besonderheit und Gesondertheit auch in den anderen erkennt und liebt, im Du spiegelt und als *universaler Mensch* gattungsmäßige Identität findet.

Für Fromm ist die „Individualität" ein durch den evolutionären Prozess möglich gewordenes wesentliches Ziel der Erziehung. Der Mensch könne „sich das Erlebnis des ganzen universalen Menschen nur vergegenwärtigen…, wenn er seine Individualität verwirklicht, und dass er es niemals erreichen wird, wenn er sich auf einen abstrakten gemeinsamen Nenner zu reduzieren sucht. Die paradoxe Lebensaufgabe des Menschen besteht darin, seine Individualität zu verwirklichen und sie gleichzeitig zu transzendieren, um zum Erlebnis der Universalität zu gelangen. Nur das ganz entwickelte individuelle Selbst kann das Ego aufgeben" (1962a, GA IX, S. 154).

Der in der Erziehung zur Konformität und Selbstverleugnung schablonenhaft vervielfältigten „Pseudo-Identität" entspricht die „Haben-Struktur". Der Mensch des Habens erlebt sich nicht mehr als Zentrum seiner Erfahrung, seiner Entscheidung, seiner Produktivität. Indem er – seine Natur und Freiheit aufgebend – von den gesellschaftlichen Institutionen „gelebt" wird, verliert er seine Lebendigkeit.

Entsprechend gründet auch die Sozialisations- und Erziehungsstruktur auf dem Haben-Modus. Sie impliziert „Pseudo-Identität" als Ergebnis von Erziehung. Das Kind als Objekt der Erziehungsbemühungen und der Manipulation findet einen kümmerlichen – im Sinne lebendigen Lebens tödlichen – Ersatz für die Wunden und Verletzungen, die es im Erziehungsprozess erleiden musste; die im Haben – statt im Sein – gründenden Identitätssurrogate ersticken die Reste der Lebendigkeit und ersetzen Leben und Sein durch Erfolg und Haben. Wenn sich der Mensch innerlich leer fühlt – von Erziehung entleert und dann zugeschüttet mit dem Müll des Konsums oder gestapelten Wissens –, versucht er dies durch Haben, durch Festhalten und Konsumieren auszugleichen. Er bedient sich auf dem „Identitäten-Markt" wie in einem Warenhaus und staffiert seine Persönlichkeit im scheinindividuellen Sinne aus.

Erinnerungen werden im Foto vervielfältigt, Wissen und Können in Zertifikaten begründet. Die Kaufhauskunst mit ihren vielen Pseudo-Originalen, die Mode mit ihren das Nachahmen anstachelnden Reizen und Prestigeversprechungen, die Waren mit ihren Kauf-, Verschleiß- und Wegwerfmotiven bieten Bausteine für Pseudo-Identität. Der Versuch, über die Normierung des Verhaltens und Aussehens hinauszugelangen, bindet die Konsumenten umso fester an die gesellschaftlich-ökonomischen Vervielfältigungsschablonen.

In einer Gesellschaft, in der Identität über den Markt vermittelt und vereinheitlicht ist und der Erziehungs- und Bildungsprozess in zunehmendem Maße standardisiert und technologisiert wird, kann Erziehung kaum Wachstumsimpulse für die Entwicklung von Individualität geben. Der Verlust personaler Begegnung im Erziehungsprozess führt zur konformistischen Verengung menschlicher Möglichkeiten. Der Mensch wird auf ein starkes „Ego" mit hoher zerebraler Kapazität reduziert und gerät zum maschinenhaften Wesen. Nur so kann er von der Gesellschaft und ihren Institutionen funktional gebraucht werden. Sie verspricht und gibt ihm alles – Geld, Prestige, Waren, Komfort, Sex, Drogen, institutionelle Verfügungsgewalt – und nimmt ihm seine Identität, seinen Widerstand und Eigensinn. Sie gibt ihm eine Rollenmaske, mit der er sein Leben in der Entfremdung häuslich einrichten kann. Sie gibt ihm Vergnügen und Abwechslung in der Routine des Alltags, die jedoch lediglich Haltepunkte ohne Besinnung bedeuten und in der Wiederkehr des Immergleichen zur Routine der Abwechslung erstarren – mit dem faden Beigeschmack und latenten Unwohlsein, das dieses Vergnügen immer begleitet.

Die Zuschüttungen durch Vergnügen im Konsum sollen das Leben immer wieder erträglich machen, bilden dabei aber nur Ersatz für die innere Leere, kaschieren notdürftig die Einsamkeit, die sich hinter der Rollenmaske verbirgt.

Der Mensch wird frei geboren, nicht als Sklave. Seine Natur ist seine Entfaltung, die Verwirklichung seiner Freiheit. Wenn die Gesellschaft im Erziehungsprozess die Möglichkeiten eines Menschen verschüttet und sein Selbst, seine Individualität, durch ein Ego, eine Rollenmaske, ersetzt, so ist diese Erziehung keine Förderung, sondern die Zerstörung menschlicher Natur.

Das Problem der Identität des Menschen

Die Natur des Menschen lässt sich verstehen als das Potenzial für die Entfaltung von Lebensfreude und Wirkmächtigkeit in den sozialen Beziehungen und Sozialräumen und ermöglicht im günstigen Fall, ein Funktionsoptimum in der gesellschaftlich gestalteten Umwelt zu erreichen. Mit diesem Funktionsoptimum ist keine Anpassung im konformistischen Sinne gemeint, sondern eine dynamische Anpassung der menschlichen Potenziale an die natürlichen und sozialen Bedingungen der Umwelt – nicht um nur zu überleben, sondern sich zu entwickeln und zu entfalten.

In der Neuzeit ist sein Selektionsdruck in Bezug auf Individuierung entstanden. Dieser regt an, dass die konstitutiven Potenziale („Wesensattribute" des Menschen) sich im Sinne der Entfaltung einer produktiven Charakter-Orientierung im gattungsgeschichtlichen Prozess realisieren, was nichts anderes heißt als: Erhaltung und evolutionäre Konkretisierung der menschlichen Weltoffenheit.

Verdankt der Mensch den Individuierungsprozess seiner Plastizität und Weltoffenheit, so zeigt sich doch, dass diese Plastizität nicht nur Chance ist, sondern auch Gefährdung bedeutet. Denn die gesellschaftlichen Lebensverhältnisse mit ihren teilweise prekären Bedingungen sind entscheidend dafür, ob die Charakterformung den produktiven Seiten des Menschen gerecht wird oder aber der Mensch einen Charakter erwirbt, der ihn in seiner Chance zur Produktivität behindert, mithin gar in seinen Möglichkeiten drastisch reduziert.

Der gesellschaftliche Prozess der Moderne beinhaltet so Gefährdungen für die menschliche Entfaltung, bietet jedoch auch mit der zunehmenden Individuierungstendenz die Möglichkeit eines humanen Menschseins. In der Individuierung als evolutionärer Errungenschaft der Moderne liegt eine Bedingung für ein erfülltes Leben, in dem die Menschen ihre Bedürfnisse in produktiver Weise befriedigen und eine ihnen gemäße Identität finden können – ohne sich Institutionen oder falschen Führern unterzuordnen.

© Springer Fachmedien Wiesbaden 2016
B. Bierhoff, *Kritisch-Humanistische Erziehung*, essentials,
DOI 10.1007/978-3-658-12199-0_4

Da der Mensch in der Sichtweise Fromms bei weitem schwächer von Instinkten determiniert ist als andere Lebewesen, braucht er einen Ausgleich für die verlustig gegangene Verhaltenssteuerung durch Instinkte. Dieser Ausgleich oder Ersatz ist mit dem Charakter des Menschen gegeben. Dieser wird im dynamischen Sinne als ein System verstanden: „Das Charaktersystem stellt die relativ beständige Form dar, in der menschliche Energie im Prozess der Bezogenheit auf andere und der Assimilierung mit der Natur Gestalt angenommen hat" (1970b, GA III, S. 250, im Original kursiv).

Nach Fromm hängt das in der menschlichen Situation wurzelnde „Bedürfnis nach einer Charakterstruktur" damit zusammen, dass die Bedeutung der Instinktausstattung beim Menschen zurücktritt (vgl. 1973a, GA VII, S. 227). Die geringe verhaltensdeterminierende Bedeutung der Instinkte und damit die Ausfälle an instinktiver Verhaltenssicherheit werden durch erworbene Charakterzüge kompensiert, die eine kontinuierliche Orientierung in der gesellschaftlichen Umwelt ermöglichen. So kann beim Menschen das Charaktersystem geradezu als „Ersatz für den Instinktapparat des Tieres angesehen werden" (1947a, GA II, S. 42). „Dieser Ersatz musste die Funktion der Instinkte erfüllen: Er musste den Menschen instand setzen, so zu handeln, als ob er von Instinkten motiviert wäre. Dieser Ersatz ist der menschliche Charakter. Der Charakter ist die spezifische Struktur, in der die menschliche Energie organisiert ist, damit der Mensch seine Ziele verfolgen kann: er motiviert das Verhalten je nach seinen dominierenden Zielen...." (1973a, GA VII, S. 227).

Doch meint Fromm damit nicht einen Menschen, der in beliebigen Situationen lediglich gewohnheitsmäßig und quasi instinkthaft funktioniert, sondern er befragt die Charakterstruktur danach, ob sie den Möglichkeiten des Menschen zu einem adäquaten Ausdruck verhilft. Neben dem „Bedürfnis nach einer Charakterstruktur" spricht Fromm noch von weiteren Bedürfnissen, die anthropologisch zentral und signifikant sind. So nennt er etwa das „Bedürfnis nach Bezogenheit, nach Verwurzelung und Transzendenz" und das „Bedürfnis nach Identitätserleben".

Letzteres hält er für „so lebenswichtig und unabdingbar, dass der Mensch seine geistige Gesundheit einbüßen würde, wenn er nicht irgendeine Möglichkeit fände, es zu befriedigen" (1959b, GA IX, S. 336). Das „Bedürfnis nach Identitätserleben" ist darauf bezogen, dass der Mensch seine Kräfte zum Ausdruck bringt und sich als eine „wirkmächtige" Einheit des Erlebens und Handelns erfahren kann (vgl. 1973a, GA VII, S. 212).

Da dem Menschen „die Instinktausrüstung, die das Leben aller Tiere regelt", fehlt (1955e, GA VIII, S. 19), muss er als ein Wesen, das als Teil der Natur diese transzendiert, eine Beziehung zur Natur- und Sozialwelt finden, die seinen Möglichkeiten zur Freiheit entspricht. Nach Fromm ist der Mensch „mit Vernunft, Vorstellungsvermögen und dem Bewusstsein seiner selbst ausgestattet, so dass ihm das Leben zu einem Problem wird, das er lösen muss. Er muss mit anderen in Beziehung treten und eine neue Verwurzelung anstelle der Verwurzelung in der Natur suchen... Er muss sich ein Identitätsgefühl (das Gefühl seiner selbst), ein Orientierungssystem und ein Objekt für seine Hingabe erst erwerben" (ebd., S. 19 f.; vgl. 1955b, GA VIII, S. 116).

Identität, das spezifische Gefühl für sich selbst, ist als Resultante aus der je spezifischen Charakterorganisation zu begreifen. Identität ist – und das dürfte auch treffend im Sinne Fromms formuliert sein – ein „menschliches Verhältnis zu sich und anderen" (Negt und Kluge 1981, S. 509).

Fromm: „Im Lebensprozess tritt der Mensch zur Welt in Beziehung, 1. indem er sich Dinge aneignet und sie assimiliert und 2. indem er zu Menschen (und zu sich selbst) in Beziehung tritt..." (1970b, GA III, S. 308).

Wie der Mensch sich zur Welt in Beziehung setzt, ist dabei eine von seiner Charakterstruktur abhängige Weise, die in relativ konstanter Form in Erscheinung tritt. Unter Identität kann dann das Erleben der relativen Beständigkeit des eigenen Erlebens, Handelns, der eigenen Kräfte, Möglichkeiten und Wirkungen in meinem Verhältnis zur Dingwelt, zu anderen sowie zu mir selbst verstanden werden.

Das Gefühl der Identität kann auf unterschiedliche Art und Weise ausgeprägt sein und wird von der jeweiligen Kultur und Gesellschaft bestimmt:

> In einer primitiven Gesellschaft, wo der einzelne noch keine Individualität ist, kann man das ‚Ich'-Gefühl mit den Worten beschreiben: ‚Ich bin wir.' Mein Identitätsgefühl besteht darin, dass ich mich mit der Gruppe identifiziere. In dem Maße wie der Mensch im Evolutionsprozess fortschreitet und sich als Individuum bewusst wird, trennt sich sein Identitätsgefühl von der Gruppe. Er als eigenständiges Individuum muss sich jetzt als ‚Ich' fühlen können. (1959c, GA IX, S. 404)

Die gesellschaftliche „Erfindung" der Individualität ermöglicht heute tendenziell ein Identitätsgefühl, das sich nicht in der bloßen Identifizierung mit der Gruppe oder Gesellschaft erschöpft. Im Gegenteil ist für Fromm eine solche Identifizierung historisch obsolet und gefährlich geworden (vgl. 1941a, GA I, S. 308). Dennoch haben nur wenige Menschen ihre Individualität mit einem „authentischen Identitätsgefühl" verwirklicht; stattdessen haben sie sich äußeren Mächten unterworfen, ihre Freiheit und Individualität aufgegeben und ihre Möglichkeiten hinter der Maske der „Pseudo-Identität" verborgen, mithin gar weitgehend verloren.

Fromm bezeichnet die „Pseudo-Identität" auch als „Ego-Identität" und meint damit, dass der Mensch lediglich ein Fassaden-Ich oder ein falsches Selbst im Sinne von Selbstsüchtigkeit und Egohaftigkeit erworben hat. Diesem stellt er das echte oder authentische Selbst-Gefühl oder Identitätsgefühl entgegen, das er auch als „Ich-Identität", als individualisierte, selbstbewusste und egolose Identität beschreibt. Was Fromm nun genauer unter „Pseudo-Identität" und „authentischem

Identitätsgefühl" versteht, lässt sich zusammenfassend in seinen Worten wie folgt darstellen:

> Sehr oft stellen wir fest, dass sich das Kind durch den Wunsch der Eltern (deren persönlichen Wunsch oder deren Wunsch als Repräsentanten der Gesellschaft) gezwungen sieht, seine ursprünglichen Anlagen zu verdrängen oder abzuschwächen und sie durch Charakterzüge zu ersetzen, deren Entwicklung die Gesellschaft für wünschenswert hält. Hier treffen wir auf die Wurzeln der Entwicklung von Neurosen: Jemand entwickelt ein Identitätsgefühl, das ihm nicht entspricht. Während das echte Identitätsgefühl darauf beruht, so zu sein, wie man als Mensch geboren wurde, beruht die Pseudo-Identität auf der Persönlichkeit, die uns die Gesellschaft aufzwingt. Aus diesem Grunde braucht die Pseudo-Identität ständig Billigung, um die Ansprüche ausbalancieren zu können. Die echte Identität braucht eine solche Billigung durch andere nicht, weil das Bild, das sich der Betreffende von sich selber macht, mit seiner authentischen Persönlichkeitsstruktur übereinstimmt. (1979a, GA VIII, S. 310)

Trotz Fluchtmechanismen und realen Fluchttendenzen ist das Bedürfnis nach Individualität und Anerkennung im zwischenmenschlichen Bereich heute jedoch nicht verloren gegangen, wenngleich es sich mehr in der massenhaft vervielfältigten (Pseudo-) Individualität zeigt, im Bedienen auf dem „Identitäten-Markt" (Berger/ Luckmann), und somit in gesellschaftlich verstümmelten Erscheinungsweisen anzutreffen ist – verbunden mit einem Syndrom von Ohnmacht, Langeweile, Gleichgültigkeit und bloßer Vergnügungssucht bzw. leerer Aktivität und Geschäftigkeit (amusement, pleasure).

So zeigt das Bedürfnis nach Identitätserleben in seinen unterschiedlichen Realisierungen sehr deutlich, ob die Identität auf dem „Identitäten-Markt" erworben und ihrer Struktur nach auf Vermarktung angelegt ist (vgl. Fromm: Marketing-Charakter) oder aber als individualisierte Identität menschliche Möglichkeiten ausdrückt, die mit Vernunft, Liebe, Phantasie und Entfaltung verbunden sind.

Das Bedürfnis nach Identitätserleben wird erst dann voll verständlich, wenn man Fromms Auffassung vom Menschen in einem wichtigen Punkt genauer betrachtet. Fromm ist der Ansicht, dass der Assimilierungs- und Sozialisationsprozess – neben dem Ziel des Überlebens – auch dazu dient oder dienen sollte, „dass das Potential des Menschen durch die aktive Betätigung seiner physischen, affektiven und intellektuellen Kräfte zum Ausdruck kommt. In diesem Prozess, das zu werden, was er potentiell ist, bringt der Mensch seine Energien auf die adäquateste Weise zum Ausdruck. Kann er sein Selbst nicht aktiv ausdrücken, so leidet er, ist passiv und wird krank" (1970b, GA III, S. 253).

Im optimalen Falle findet der Mensch zu seinen Möglichkeiten und bildet eine ihm gemäße authentische Identität aus. Wenn der Mensch jedoch durch erlittene Abhängigkeit, Manipulation und Ohnmacht sich im Kreislauf der Entfremdung verfängt und kein authentisches Identitätsgefühl aufbauen kann, realisiert er oftmals nur die unproduktive Möglichkeit, diesen Verzicht zu kompensieren, seine Entfremdung durch Masken zu überdecken und sich – durch Identifikation mit und Unterwerfung unter Macht – ein Surrogat, eine Pseudo-Wirksamkeit zu verschaffen. Eine zentrale Folge der erlittenen Entfremdung ist für Fromm die Unfähigkeit eines Menschen, seine eigene Identität auszubilden und zu erleben. „Eben weil der entfremdete Mensch seine eigenen Funktionen des Fühlens und Denkens auf ein Objekt außerhalb seiner selbst übertragen hat, kennt er kein Gespür für sich selbst, keine Identität" (1962a, GA IX, S. 74).

Noch dezidierter beschreibt Fromm den Verlust eines primären oder authentischen „Selbst-Gefühls" mit der „Marketing-Orientierung" (vgl. 1955a, GA IV, S. 102 f.). Der Ersatz besteht darin, dass der Mensch sich ein „sekundäres Selbstgefühl" erwirbt. „Er erwirbt es sich durch die Erfahrung, dass andere ihn anerkennen, dass sie sich für ihn interessieren – kurz dass er erfolgreich ist und eine gut verkäufliche Ware darstellt und die anderen in ihm keine einzigartige Persönlichkeit sehen, sondern jemanden, der in den allgemeinen Betrieb hineinpasst" (ebd., S. 103).

Die Identitätsfindung wird damit erschwert oder verhindert, da der vorrangige gesellschaftliche Maßstab nicht ein Höchstmaß an lebendiger Entfaltung ist, sondern ein konformistisches Funktionsoptimum. Der Mensch soll das funktionale Getriebe der gesellschaftlichen Institutionen mit seinen Kräften erfüllen, und in fremdbestimmter Weise kann er dies am besten, wenn er sich selbstlos diesem Funktionszusammenhang unterwirft. Dann droht dem herrschaftlichen System der Institutionen auch keine Destabilisierungsgefahr von den in ihnen Handelnden, weil diese ihre Kräfte dem Funktionieren des Institutionensystems unterordnen und nicht auf gegeninstitutioneller Entfaltung und menschlicher Produktivität bestehen.

Der Zusammenhang von Erziehung und Identität stellt sich zunächst als wertindifferent dar. Das Bedürfnis nach Identitätserleben ist zum einen Ausdruck der Natur des Menschen und zum anderen eine Grundlage für Erziehung zum Haben oder zum Sein. Jeder Erziehungsprozess, und sei er noch so repressiv und manipulativ, macht etwas aus dem Bedürfnis nach Identitätserleben (und hier ist die Perspektive der Wertindifferenz nicht mehr verwendbar). Entweder wird eine Pseudo-Identität aufgebaut oder es kann eine authentische Identität entstehen; real gibt es auch Mischformen, in denen eine unproduktive oder produktive Tendenz vorherrscht. Die Pseudo-Identität oder Ego-Identität ist Ausdruck zerstörter bzw. nichtrealisierter menschlicher Natur und Individualität, die gelungene Ich-Identität Ausdruck von Produktivität (Vernunft, Liebe, Interaktion, Arbeit).

Während die Ego-Identität – dem Haben-Modus entsprechend – Ausdruck „negativer" Erziehung ist, lässt sich die authentische Ich-Identität – dem Seins-Modus entsprechend – als Ergebnis „positiver" Erziehung begreifen. Die negative Erziehung dient hier als Sammelbegriff für die Überwältigungspädagogik im Erziehungsprozess und die Instruktionspädagogik im Lernprozess. Die positive

Erziehung ist als Wachstumspädagogik zu beschreiben, die auf individualisierte Identität bezogen ist und auf einer liebevollen Zuwendung und sicheren Bindung beruht.

Zusammenfassend lässt sich der Frommsche Ansatz einer „Identitätstheorie" wie folgt verdeutlichen. Die Natur des Menschen als ein Möglichkeitspotenzial ist die Grundlage der Identitätsbildung. Das Bedürfnis nach Identitätserleben ist ein existentielles Bedürfnis des Menschen, das in seiner Natur verankert ist und den Widerspruch zu bearbeiten sucht, der darin besteht, dass der Mensch mit der Welt untrennbar verbunden ist und als Teil der Natur diese Natur transzendiert, sich nicht fraglos in ihr geborgen und eingebunden fühlt. Er muss ein Verhältnis zu sich und zur Welt erst erwerben. Dies kann ihm nur als *gesellschaftliches* Wesen gelingen. Für die Identitätsbildung des Menschen ist entscheidend, wie seine Natur gefördert und entwickelt wird. Im Prozess der Erziehung wird jedoch seine Natur häufig domestiziert und regelrecht zerstört. Die menschlichen Energien werden über den Gesellschafts-Charakter nicht unbedingt auf produktive und biophile Ziele gelenkt. Der Gesellschafts-Charakter, der sehr grob als gesellschaftliche Schablone für Erziehungs- und Sozialisationsprozesse bezeichnet werden kann, schränkt menschliche Entwicklungen oft ein und bewirkt Zerstörungen; er leistet überwiegend nicht die gesellschaftliche Ermöglichung von authentischem Identitätserleben, sondern eher die Verhinderung dieses Erlebens. Da das Potenzial des Menschen äußerer Kanalisierungsimpulse bedarf und sich nicht „gesellschaftslos" entwickeln kann, müssen die Überlegungen zur Förderung authentischer Identität durch Erziehung da anknüpfen, wo in den äußeren Bedingungen Impulse und Räume für individuelles Wachstum und produktive Identitätsentfaltung zu finden sind. So wie durch den Gesellschafts-Charakter und die Sozialisationsstruktur spezifische Möglichkeiten des Menschen verschüttet oder in ihrer Reifung erschwert werden, so werden andere Möglichkeiten realisiert. Damit ist der Gesellschafts-Charakter auch als Selektion menschlicher Möglichkeiten zu betrachten, wie auch Erziehung – „im Zusammenhang mit der Gesellschaftsstruktur" – „als Schlüsselmechanismus bei der Überführung gesellschaftlicher Notwendigkeiten in Charakterzüge" (Fromm 1949c, GA I, S. 214) zu begreifen ist. Der Gesellschafts-Charakter gibt das Programm für die Formung der Charakterstrukturen der Gesellschaftsmitglieder vor, an dem die realen Erziehungs- und Sozialisationsprozesse in einer Gesellschaft anknüpfen.

Identität ist dann wesentlich das Gefühl, das als Folge der Erziehung aus der je spezifischen Charakterstruktur resultiert und eine Selbstbeschreibung des Menschen beinhaltet, mit allen ideologischen Verblendungen, Illusionen und Selbsttäuschungen, die sein reales Sein verstellen.

Entscheidend für eine Erziehung zur Ich-Identität ist, dass diese Illusionen und Verblendungen – wenn in früheren Phasen der Erziehung aufgetreten – erkannt und bewältigt werden und sich so ein Selbstgefühl entwickeln kann, das von authentischem Erleben, spontaner Aktivität und Reflexionsvermögen begleitet wird.

Überwältigungspädagogik im Erziehungsprozess

Die vorherrschende Erziehung ist negativ. Sie überwältigt das Kind, den Jugendlichen. Sie ist repressiv, weil sie nicht vom Menschen ausgeht, sondern von der gesellschaftlichen Ordnung. Das Kind wird vom Bestehenden vereinnahmt. Es soll ruhig und ordnungsbeflissen werden und für die Gesellschaft kein Risiko sein, es soll sich anpassen und unterordnen und die „öffentliche Sicherheit" nicht stören. Solchermaßen ruhiggestellt und vereinnahmt, verliert es seine Freiheit und Lebendigkeit.

Die repressive Erziehung ist Verhinderung von Freiheit. Sie gründet auf Manipulation, auf Dressur, und stellt unproduktive Identifikationen her – mit der Nation, der Partei, der Ehre, der Fahne, dem Geld, dem Vergnügen. Sie erscheint als ein Prozess der Herrschaftsausübung und ein Arsenal von Mitteln, menschliche Möglichkeiten zu vernichten und Individualität in der Rollenmaske einzuebnen.

Diese Erziehung verdient eigentlich nur den Namen der Manipulation. Fromm erachtet es deshalb als wichtig, Erziehung von Manipulation abzugrenzen:

> Erziehung ist identisch mit der Hilfe, die man dem Kinde gibt, damit es seine Möglichkeiten verwirklichen kann. Das Gegenteil von Erziehung ist Manipulation. Ihr fehlt der Glaube an das Reifen der kindlichen Möglichkeiten. Sie beruht auf der Überzeugung, dass aus einem Kinde nur dann etwas Rechtes werden kann, wenn die Erwachsenen ihm das aufpropfen, was erwünscht ist, und ihm das abstutzen, was unerwünscht zu sein scheint. An einem Roboter braucht man nicht zu glauben, denn in ihm ist kein Leben. (1947a, GA II, S. 131)

Diese manipulative „Erziehung" ist Maßregelung, heteronome Kontrolle und Einschränkung, indem sie dem Kind als „Vokabular der Anpassung" entgegentritt: „du sollst, du sollst nicht, du musst, du darfst etc.". In der permanenten Wiederholung glaubt das Kind schließlich, das müsse so und nicht anders sein, und agiert mit dem Gefühl von Freiheit so, wie es von ihm verlangt wird, ist dabei aber unfrei und un-

© Springer Fachmedien Wiesbaden 2016
B. Bierhoff, *Kritisch-Humanistische Erziehung*, essentials,
DOI 10.1007/978-3-658-12199-0_5

bewusst. Zurechtgestutzt und auf Untertanenmentalität reduziert – durch reale Erfahrungen der erzwungenen Unterwerfung, Ohnmacht und Surrogatbildung – zieht es vor, seinen Unterdrückern zu folgen.

Diese Erziehung geschieht unter der Vorherrschaft des Toten, der Vergangenheit, die mit ihren vielfältig beschnittenen Erfahrungsstrukturen und Verhinderungen von den Eltern auf ihre Kinder projiziert wird ("sei nützlich, finde deinen Platz in der Gesellschaft, sei erfolgreich..."). Sie geschieht unter der Vorherrschaft von Destruktivität, die sich in Kriegsvorbereitungen und Kriegen zeigt, aber auch in technokratisch-bürokratischen Prozessen erkennbar ist, die Menschen mechanisieren, verwalten, verdinglichen und ausbeuten.

Erziehung bedeutet dann, Kinder zu konditionieren und zu dressieren. Ihre Energien werden durch Liebesentzug, durch Strafe, Einschränkung und Reglementierung auf Ziele kanalisiert, die den Eltern recht und bequem sind und die Gesellschaftsstruktur durch Subalternität und Konformität absichern.

Hinzugekommen sind heute permissive und gleichgültige Erziehungspraktiken, die ihren Anteil daran haben, durch die Zerstörung des "wahren Selbst" einen konsummaterialistischen und hedonistischen Lebensstil zu fördern, der aber weiterhin auf Manipulation gründet und nur scheinbar freiheitlich ist.

Was kann das Kind dagegen tun, wie kann es sich davor schützen? Schützen vor Kontrolle, Strafe, dem schlechten Gewissen, der Angst, der Ausbeutung, der emotionalen Verkrüppelung, dem Zurechtschleifen, der verlangten Konformität? Es ist auf den Schutz seiner Eltern angewiesen, will es überleben. Es muss seine Eltern lieben, auch wenn diese es einschränken, für ihre Zwecke und die einer entfremdeten Gesellschaft verfügbar machen. Es wird mit einer schweren Hypothek belastet: das negative Selbstbild, die Ohnmacht, die Angst vor Liebesentzug, die Identifizierung mit dem Unterdrücker, die Bequemlichkeit des Gehorsams oder der Konformität, die Zurückdrängung freier Impulse, der Verlust des eigenen Lebens durch Maßregelung und Kontrolle oder Stimulierung im hedonistischen Konsum, kurz: durch Überwältigung.

Die Pädagogik der Überwältigung gründet auf der soziobiologischen Hilflosigkeit des Kindes. Sie beutet das Kind aus, um – wie sie sagt – einen anständigen Menschen aus ihm zu machen, der gehorsam gegenüber Autoritäten ist und das erwünschte (Konsum-) Verhalten zeigt. Die impulsive und spontane Lebendigkeit des Kindes wird als unbequem und bedrohlich empfunden. In einer in Quantitäten denkenden geometrisierten Welt muss auch der Mensch berechenbar gemacht werden. Dem Kind wird seine Lebendigkeit ausgetrieben. Es muss still sitzen und brav sein, den Erwartungen der Erziehungspersonen folgen und seine Spontaneität unterdrücken. Es darf seine Individualität nicht leben, sondern soll sich den Vorstellungen der Konsum- und Spaßgesellschaft anpassen und zum guten Untertan werden.

Die Zurückdrängung spontaner Impulse geschieht wesentlich durch den Schuldmechanismus. So sieht Fromm im Wecken eines Schuldgefühls „das wirkungsvollste Mittel, um den Willen des Kindes zu schwächen" (1947a, GA II, S. 100). Dem solchermaßen geschwächten Kind kann dann etwas aufgezwängt werden, was zwar nicht zur Entfaltung seines Selbst beiträgt, aber ihm ein häuslich angepasstes, mithin „erfolgreiches" Leben in der modernen Massengesellschaft ermöglicht. Es wird die impulsive Seite seiner individuellen Strebungen verleugnen und eine klischeehafte Ego-Identität aufbauen und in einer verdinglichten Weise leben. Was die Erziehung in der Herkunftsfamilie noch nicht völlig zurechtgestutzt hat, wird dann in Institutionen wie Schule und Militär, Studium und Beruf mit dem letzten Schliff versehen.

Verschulung und berufliches Zweckdenken, Vermarktung der Persönlichkeit und Erfolgsstreben, Konsumismus und Hedonismus können zwar den angepassten Menschen „herstellen", doch erweisen sie sich als destruktive Prinzipien einer Zivilisation, die die Dinge und das bloße Funktionieren über den Menschen stellt und dem bloßen „Haben" gegenüber dem lebendigen „Sein" den Vorzug gibt.

Instruktionspädagogik im Lernprozess

Die Überwältigungspädagogik der Kindheit findet im Lern- und Ausbildungsprozess der Massengesellschaft ihre Fortsetzung. Für die Erziehung als Wissensvermittlung ist die Anhäufung von Wissen typisch. Der didaktisch organisierte Lernprozess in den Schulen entreißt – wie Ivan Illich es einmal formulierte – Dinge ihrem sinnhaften alltäglichen Zusammenhang und erklärt sie zu Lernmitteln, mit denen die Lernenden in künstlich hergestellten, didaktisch arrangierten Situationen konfrontiert werden – als bloße Objekte eines Lernprozesses, der die Inhalte mit „Selbstzweckautorität" ausstattet. Ein lebendiger Bezug zur Welt und zum eigenen Selbst kann so nicht entstehen.

Vielmehr führt ein solcher Lernprozess zu „gestapelter Information", die lediglich den Wert seines Besitzers, der Ware „Arbeitskraft" steigert. Ein Wissen, das existenziell bedeutsam ist, kann so nicht entstehen. Auch die Teilhabe des Lernenden an der Welt ist reduziert. Die „Welt" schrumpft auf einen mehr oder weniger geordneten Zusammenhang von Fakten und Ereignissen, in dem letztlich alles gleichgültig und von geringer lebensgestalterischer Relevanz ist. Ein „strukturiertes Weltbild" kann sich nicht aufbauen, die „Fähigkeit zum kritischen Denken" sich nicht entwickeln (vgl. Fromm 1941a, GA I, S. 363). „Die Tatsachen verlieren ihre spezifische Qualität, welche sie nur als Teile eines strukturierten Ganzen besitzen können, und behalten nur eine abstrakte, quantitative Bedeutung. Jede Tatsache ist immer wieder nur eine weitere Tatsache, und es kommt lediglich darauf an, ob wir mehr oder weniger wissen" (ebd.).

Dem bloßen Tatsachenwissen als gestapelter Information wird ein „übertriebener Wert" beigemessen: „Man huldigt dem pathetischen Aberglauben, wenn man sich nur immer mehr Tatsachen einpräge, werde man schließlich zur Erkenntnis der Wirklichkeit gelangen. Hunderte von verstreuten Einzelfakten, die ohne jede Beziehung zueinander sind, werden den Schülern eingetrichtert. Ihre Zeit und ihre Kraft werden dafür in Anspruch genommen, dass sie immer mehr Tatsachen ler-

© Springer Fachmedien Wiesbaden 2016
B. Bierhoff, *Kritisch-Humanistische Erziehung,* essentials,
DOI 10.1007/978-3-658-12199-0_6

nen, so dass ihnen zum Denken kaum noch Zeit bleibt. Natürlich bleibt das Denken ohne die Kenntnis von Tatsachen leer und fiktiv; aber ‚Informationen' allein können für das Denken ebenso ein Hindernis bilden wie zu wenig Informationen" (ebd., S. 362).

In diesem Prozess der kognitiv beschränkten Wissensaneignung wird das Wissen zur Ware und der Mensch seinen eigenen Kräften entfremdet. Es entsteht eine instrumentelle Haltung zum Denken und Wissen, die „nur als Werkzeuge für irgendwelche Zwecke" (Fromm 1947a, GA II, S. 52) eingesetzt werden. So kann das Wissen als Herrschaftsinstrument der politischen und wirtschaftlichen Manipulation oder dem Profitdenken dienen.

> Dieses Denken hat ohne Zweifel großen Einfluss auf unser Erziehungssystem. Von der Grundschule bis zur Universität wird mit dem Lernen nur der Zweck verfolgt, so viele Informationen wie möglich zu sammeln, die sich für Marktzwecke als brauchbar erweisen können. Die Schüler sollen so vielerlei lernen, dass ihnen kaum noch Zeit und Kraft zum Denken bleibt. Der Grund, dass man eine bessere und umfassendere Erziehung fordert, ist nicht das Interesse am Lernstoff, am Wissen oder an der Erkenntnis als solcher, sondern der höhere Tauschwert, den das Wissen vermittelt. Erziehung und Wissen gelten heute sehr viel. Gleichzeitig beobachtet man tiefe Skepsis und Missachtung einem Denken gegenüber, das sich ‚nur' um die Erkenntnis der Wahrheit bemüht. Ein solches Denken wird als unpraktisch und nutzlos bezeichnet, weil es für den Markt keinen Tauschwert repräsentiert. (Fromm 1947a, GA II, S. 52)

Das auf bloße Fakten reduzierte und vermarktete Wissen lähmt nicht nur die Initiative und Kritikfähigkeit, sondern hat aufgehört, mit einer Haltung der Begegnung verbunden zu sein – Begegnung mit sich, mit anderen Menschen und der Welt. Die personale Dimension mit dem existenziellen Bezug des Wissenden zu seiner Welt geht verloren. Lehrende wie Lernende verarmen seelisch in einem auf Wissensvermittlung reduzierten „pädagogischen" Bezug. Fromm: „Über die Vermittlung von Wissen geht uns jene Art zu lehren verloren, die für die menschliche Entwicklung am allerwichtigsten ist: die einfache Gegenwart eines reifen, liebenden Menschen… Auch der Lehrer hatte nicht in erster Linie die Aufgabe, Wissen zu vermitteln, sondern er sollte bestimmte menschliche Haltungen lehren" (1956a, GA IX, S. 508 f.). Heute hingegen wird alles aus dem Lernprozess eliminiert, was nicht der instrumentellen Brauchbarkeit und Verzweckung entspricht, und der Lernprozess auf ein kognitiv strukturiertes Verhältnis zwischen Lernendem und anzueignendem Wissen reduziert.

Demgegenüber ist davon auszugehen, dass Lernen nicht allein Sache des Intellekts ist, sondern der Lernprozess Gefühl und Lernumwelt mit personalem Bezug gleichermaßen einschließt. Mit anderen Worten: Der Lernprozess ist ein komplexes Bedingungsgefüge, in das u. a. folgende Variablen eingehen: Menschenbild und Gesellschaftsbild der Personen, Institution des Lehrens, Vernunft, Gefühl, Kommunikation, Methode und Planung.

Der gesellschaftlich organisierte Lernprozess akzentuiert in seinen traditionellen Formen die kognitive Dimension der Wissensvermittlung bzw. des Lernens. Gegenüber diesem kognitivistisch verengten Verständnis des Wissenserwerbs liegt der Ausgangspunkt des personenzentrierten, auf Selbsttätigkeit und Selbstorganisation abzielenden Lernprozesses gleichermaßen auf Intellekt und Gefühl; auch wird die alltägliche Erfahrung für das Lernen fruchtbar gemacht.

Die Institutionen des Lernens, die in unsere Gesellschaft zu großen Lernfabriken geworden sind, gründen auf dem Prinzip der *Verschulung*. Der Grundgedanke der Verschulung ist, nach Ivan Illich, eine Verfahrensweise, die den Menschen lernend macht, ihn zum Träger von Wissen formt. Das Prinzip der Verschulung ist, Dinge ihrem alltäglichen Zusammenhang zu entreißen und sie zu Lernmitteln zu erklären, die abstrakt angeeignet werden sollen. Mit dem auf ein Konsumgut reduzierten Wissen wird der Mensch zum Wissensbesitzer, sein Besitztum ist ablesbar an seinen Zertifikaten. Dies entspricht – mit Fromm gesagt – der Ansicht, dass der Mensch das ist, was er besitzt und konsumieren kann.

> Unser Bildungssystem ist im Allgemeinen bemüht, Menschen mit Wissen als Besitz auszustatten, entsprechend etwa dem Eigentum oder dem sozialen Prestige, über das sie vermutlich im späteren Leben verfügen werden. Das Minimalwissen, das sie erhalten, ist die Informationsmenge, die sie brauchen, um in ihrer Arbeit zu funktionieren. Zusätzlich erhält jeder noch ein größeres oder kleineres Paket ‚Luxuswissen' zur Hebung seines Selbstwertgefühls und entsprechend seinem voraussichtlichen sozialen Prestige. Die Schulen sind die Fabriken, in denen diese Wissenspakete produziert werden, wenn sie auch gewöhnlich behaupten, den Schüler mit den höchsten Errungenschaften des menschlichen Geistes in Berührung zu bringen. (Fromm 1976a, GA II, S. 302)

Zur Verschulung gehört auch das Bemühen der Schule, „jedem Schüler eine bestimmte Menge an ‚Kulturbesitz' zu vermitteln" (ebd., S. 298). Mit dem bescheinigten Wissen am Ende seiner Schulzeit hat der Schüler jedoch „keine Erkenntnisse gewonnen. Er hat seine Einsicht in das Wesen des Menschen nicht vertieft... noch hat er etwas über sich selbst gelernt" (ebd.).

Fromm plädiert für einen Lernprozess, der stärker prozessorientiert als produktorientiert ist, zu einem Zugewinn an Menschlichkeit führt und dabei Gefühl und Vernunft miteinander verbindet. Wie für das Wissen ist auch für das Lernen der Unterschied zwischen Haben und Sein bedeutsam: „Das höchste Ziel der Existenzweise des Seins ist tieferes Wissen, in der Existenzweise des Habens jedoch mehr Wissen" (ebd., S. 302). Dieses Ziel erscheint nur erreichbar, wenn die Spaltung des neuzeitlichen Menschen überwunden und das Denken mit der lebensdienlichen Kraft spontanen authentischen Fühlens verwoben wird.

Eine wesentliche Frage in Bezug auf die Verlebendigung des organisierten Lernens bezieht sich darauf, was der Lehrende dazu beitragen kann, dass die Lernenden nicht nur passiv Worte und Gedanken empfangen, wie Fromm formuliert, sondern auf aktive und produktive Weise zuhören, empfangen und antworten, so dass sich eigene Denkprozesse, Fragen, Ideen und Perspektiven erschließen (vgl. ausführlich: Fromm 1976a, GA II, S. 293 f.).

Ein solcher Lernprozess gründet auf einer personenzentrierten Haltung. Gleichwohl ist er nicht blind gegenüber den institutionellen Bedingungen und Zwängen des Lehrens und Lernens. Aber diese Bedingungen können nur verändert werden mit der Verwandlung der Personen in (und gegenläufig zu) diesen Institutionen, und folglich setzt dieser Lernprozess bei dem fühlenden Menschen an, seinen Wirklichkeitsansichten, seinen Erfahrungen in und außerhalb des Lernortes, seinem Leidensdruck, seiner Freude, seinen Wünschen und Hoffnungen.

Das in Anlehnung an Fromm, Freire und Illich entwickelbare Verständnis sieht das zentrale Moment lebendigen Lernens in einer Handlung der Begegnung, d. h. es geht nicht um den von subjektiver Erfahrung gereinigten Lernprozess als solchen, sondern um die Subjekte des Lernprozesses selbst. Wie lernen Menschen? Welche Beziehungen knüpfen sie im Lernprozess? Wie werden sie mit den institutionellen Bedingungen des Lernens fertig? Bringt der Lernprozess ihnen nicht nur einen Zuwachs an wissenschaftspropädeutischer Information, sondern auch an persönlicher Bewusstheit, Autonomie und Kooperationsfähigkeit?

Das lebendige Lernen gründet auf der Ansicht, dass die Lernenden keine Behälter sind, die lediglich mit Wissen abgefüllt werden, sondern Menschen mit Sinn, Bedeutung, Neugierde, Bedürfnis und Erfahrung. Dies gilt es neu zu entdecken und für das Lernen und Lehren fruchtbar zu machen.

Ein Lernen wird dann lebendig, wenn der Lernende die Möglichkeit eigener Gedankenführung nutzt, wenn er herausfindet, was ihm wichtig ist, was für ihn Erkenntnis- und Gebrauchswert hat. Denn er ist das erkennende Subjekt; das Wissen hat keinen Selbstwert. Erst mit der Einbettung des Wissens in eine grundlegende Relation von Subjekt und Handlungsbereich entsteht seine Bedeutungshaftigkeit und sein Wert. Von Erfahrung gereinigtes Wissen, das in antiseptischer Distanz zum Leben steht, ist leer und ermöglicht keine produktive Veränderung des Lernenden und seines Lebens.

Im herkömmlichen verdinglichten Lernprozess entsteht kaum ein Dialog der Begegnung, in dem sich alle Beteiligten als Menschen darstellen und verändern (vgl. Fromm 1976a, GA II, S. 294, 297). Die monologische Struktur von Lehren und Lernen reduziert Lehrende wie Lernende zu Behältern, aus denen im einen Fall das Wissen überquillt und im anderen Fall aufgefangen, wenn möglich gierig aufgesogen und für Prüfungszwecke gespeichert werden soll. Paulo Freire hat diese Lernstruktur als „Bankierskonzept" der Erziehung dargestellt und kritisiert (vgl. Freire 1973, S. 58). Wissen wird auf Information reduziert, Bewusstheit wird erschwert oder verhindert (vgl. Gouldner 1974, S. 577 ff.); oder in den Worten von C.G. Jung: gestapeltes Wissen schlägt nicht in Weisheit um.

Paulo Freire hat in seiner Kritik des „Bankierskonzepts" folgende Merkmale der Verschulung hervorgehoben – Merkmale, die in allen Prozessen organisierten, didaktisch arrangierten Lernens wiederzufinden sind und die durch Selbsttätigkeit und Selbstorganisation außer Kraft gesetzt werden können:

a)   Der Lehrer lehrt, und Ich schlage vor, das hier präsentierte Zitat – Punkte a) bis j) – enger zu setzen (normaler Zeilenabstand statt für jeden Punkt einen eigenen Absatz). die Schüler werden belehrt.
b)   Der Lehrer weiß alles, und die Schüler wissen nichts.
c)   Der Lehrer denkt, und über die Schüler wird gedacht.
d)   Der Lehrer redet, und die Schüler hören brav zu.
e)   Der Lehrer züchtigt, und die Schüler werden gezüchtigt.
f)   Der Lehrer wählt aus und setzt seine Wahl durch, und die Schüler stimmen ihm zu.
g)   Der Lehrer handelt, und die Schüler haben die Illusion zu handeln durch das Handeln des Lehrers.
h)   Der Lehrer wählt den Lehrplan aus, und die Schüler (die nicht gefragt werden) passen sich ihm an.
i)   Der Lehrer vermischt die Autorität des Wissens mit seiner eigenen professionellen Autorität, die er in Widerspruch setzt zur Freiheit der Schüler.
j)   Der Lehrer ist das Subjekt des Lernprozesses, während die Schüler bloße Objekte sind. (Freire 1973, S. 58).

Für Fromm liegt ein wesentlicher Ansatz, das verschulte, autoritär verregelte Lernen zu überwinden, in einem Verständnis von rationaler, sich selbst überflüssig machender Autorität. Dabei gehen die „Interessen von Lehrer und Schüler... in gleiche Richtung. Der Lehrer ist zufrieden, wenn es ihm gelingt, den Schüler zu fördern; gelingt es ihm nicht, dann ist er ebenso wie der Schüler gescheitert" (1955a, GA IV, S. 71).

Fromm sieht das Lehrer-Schüler-Verhältnisses durch eine spezifische Form der Autorität bestimmt, die er als „rationale Autorität" bezeichnet. Die Überlegenheit des Lehrers im Prozess der Lernens wird im Laufe eines gelingenden Lernprozesses zunehmend geringer: „Je mehr der Schüler lernt, umso mehr schließt sich die Kluft zwischen ihm und seinem Lehrer" (ebd.). Bei der irrationalen Autorität ändert sich das Autoritätsgefälle nicht, weil die mit Überlegenheit verbundene Verfügungsmacht als Ausbeutungsgrundlage bestehen bleibt (ebd.).

Bei der Alternative zum verschulten, fremdbestimmten Lernen, der *Selbstorganisation des Lernprozesses*, geht es um die Selbstverfügung der Lernenden mit dem zentralen Merkmal der *Transparenz des Lernarbeitsprozesses* in allen Phasen und Schritten der Planung und Realisierung. Heinrich Dauber gibt folgende zusammenfassende Umschreibung „selbstorganisierter Lernprozesse":

> Selbstorganisation von Lernprozessen meint... die ständige aktive Aneignung von Zielen, Inhalten und Organisations- und Evaluationsformen des eigenen Lernprozesses durch die Lernenden sowie den freien und unvermittelten (nicht-mediatisierten) Zugang zu allen notwendigen Ressourcen (Hilfsmittel, Personen etc.) mit dem Ziel, durch Veränderung der eigenen Person und der eigenen Umgebung zunehmend mehr *Einfluss und Kontrolle* über die Gestaltung der eigenen Arbeits- und Lebensbedingungen zu gewinnen. (Dauber 1975, S. 338)

Dieser Ansatz eines selbstorganisierten, entschulten und problemformulierenden Lernmodells wendet sich gegen ein instruktivistisches Lernverständnis. Er lehnt eine Instruktionspädagogik ab, die darin begründet liegt, Lernende lerntechnologisch zu instruieren, welche Ziele sie in welcher Zeit und mit welchen Mitteln zu erreichen haben. Stattdessen setzt er auf Reflexionsprozesse.

Die hier aufgenommene Unterscheidung von Instruktion und Reflexion bezieht sich auf zwei konträre Lernweisen, die Wolfgang Geiger wie folgt erläutert:

> Es zeigt sich, dass zwei grundsätzlich verschiedene Typen von Lernprozessen denkbar sind. Ein unterrichtliches Vorhaben kann entweder von einem gedanklich vorgestellten Können oder Wissen ausgehen und dessen Verwirklichung anstreben, oder es kann von vorhandener, aber unbegriffener Wirklichkeit ausgehen und deren gedankliche Durchdringung und Erhellung anstreben. Im ersteren Falle geht es um die Aneignung einer genau definierten, subjektneutralen, letztlich instrumentellen Qualifikation bzw. Kompetenz, im letzteren Falle wird bei der Bewältigung der Aufgabe notwendig in irgendeinem Maße der subjektive Erfahrungshintergrund des Individuums mobilisiert. Er wird darüber hinaus explizit thematisiert und seinerseits reflektiert in dem Maße, in dem die Struktur des Gegenstandes und die Unterrichtsorganisation dies erlaubt oder geradezu provoziert. Das Lernergebnis besteht hier in einer ‚Erweiterung des individuellen Erfahrungshorizonts', in einer ‚Bewußtseinserweiterung'. Wir schlagen vor, Lernvorgänge ersterer Art als *Instruktionsprozesse*, solche der zweiten Art als *Reflexionsprozesse* zu bezeichnen. (Geiger 1974, S. 22)

Bei der Unterscheidung dieser beiden Grundformen handelt es sich um eine idealtypische Modellbildung. Auch Instruktionsprozesse können perspektivisch auf Entdeckung und Strukturierung von vordem unbekannten Zusammenhängen bezogen sein. Jedoch ist bei ihnen immer das Ziel im Sinne eines „positiven" Lernergebnisses vorgegeben, das der Lehrperson schon bekannt ist und von ihr als dem Hauptakteur des Lernprozesses angestrebt wird: „Der Interpretationsrahmen, der die Auffassung des Gegenstandes bestimmt, liegt fest und kann innerhalb des Instruktionszusammenhangs nicht problematisiert werden. Die konkrete Existenz des

Lernenden, seine Subjekthaftigkeit, bleibt aus dem Lernprozess systematisch ausgespart" (ebd. S. 23).

Eine vergleichbare Kritik wird von Klaus Holzkamp in seinem Buch „Lernen" systematisch entwickelt (Holzkamp 1993). Er unterscheidet *defensives* von *expansivem* Lernen. Das vom Lehrer arrangierte schulische Lehrlernen wirkt nach Holzkamp als *Lernbehinderung* (vgl. Holzkamp 1991).

Lernen als Instruktionsprozess lässt sich mit Fromm als Lernen im Haben-Modus bezeichnen. Analog kann dann Lernen als Reflexionsprozess dem Seins-Modus zugeordnet werden. Am Beispiel einer Vorlesung in der Hochschule legt Fromm sein Lernverständnis dar:

> Studenten, die an der Existenzweise des Habens orientiert sind, hören eine Vorlesung, indem sie auf die Worte hören, ihren logischen Zusammenhang und ihren Sinn erfassen und so vollständig wie möglich alles in ihr Notizbuch aufschreiben, so dass sie sich später ihre Notizen einprägen und eine Prüfung ablegen können. Aber der Inhalt wird nicht Bestandteil ihrer eigenen Gedankenwelt, er bereichert und erweitert diese nicht… Inhalt der Vorlesung und Student bleiben einander fremd, außer dass jeder dieser Studenten zum Eigentümer bestimmter, von einem anderen getroffener Feststellungen geworden ist (die dieser entweder selbst geschaffen hat oder aus anderen Quellen schöpfte)…
>
> Für Studenten, die in einer Weise des Seins zur Welt bezogen sind, hat der Lernvorgang eine völlig andere Qualität. Zunächst einmal gehen sie selbst zu der ersten Vorlesung nicht als tabula rasa… Sie haben sich mit dem Gegenstand schon auseinandergesetzt und sind an ihm interessiert…
>
> Was sie hören, regt ihre eigenen Denkprozesse an, neue Fragen, neue Ideen, neue Perspektiven tauchen dabei auf. Der Vorgang des Zuhörens ist ein lebendiger Prozess; der Student nimmt die Worte des Lehrers auf und wird in der Antwort lebendig. Er hat nicht bloß Wissen erworben, das er nach Hause tragen und auswendig lernen kann. Jeder Student ist betroffen und verändert worden: Jeder ist nach dem Vortrag ein anderer als vorher. (1976a, GA II, S. 293 f.)

Im Verlauf eines begegnenden Lernprozesses können vom Studenten Wirklichkeitsbezüge und Haltungen überdacht und verändert werden. Auf eine Einschränkung indessen weist Fromm hin: „Diese Art des Lernens ist nur möglich, wenn der Vortrag auch anregendes Material bietet. Auf leeres Gerede kann man nicht in der Weise des Seins reagieren und tut besser daran, nicht zuzuhören, sondern sich auf seine eigenen Gedanken zu konzentrieren" (1976a, GA II, S. 293 f.).

Wachstumspädagogik und die Vision des Neuen Menschen

Wenn die positive Erziehung eine reale Alternative sein will, muss sie über bloße Begriffsakrobatik hinausgehen. Ihre Ziele sind Individualität, Freiheit und bewusstes Sein, Vernunft, Lebensliebe, Glück, Zärtlichkeit… Nur ein freier Mensch kann Zuneigung und Glück – im Gegensatz zum Vergnügen – empfinden.

Glück ist die Freude am persönlichen Wachstum und dem anderer Menschen, an dem reichhaltiger werdenden Fühlen, an Beziehungen, die durch Liebe und Vernunft bestimmt sind.

Erziehung in diesem positiven Sinne des Wachstums des Selbst lässt sich dann nur verstehen als ein in helfender Begegnung sich vollziehender Anregungsprozess, der die konstitutionell angelegte Individualität des Kindes fördert, damit es zu einer authentischen und produktiven Ich-Identität finden kann.

Erziehung ist keine Verzweckung des Menschen, keine Konditionierung und Dressur, sondern die produktive Entfaltung der existentiellen Bedürfnisse durch eine Haltung der Begegnung im Sinne des „Wachstums-Syndroms" (vgl. Fromm 1964a, GA II, S. 238 f., 1973a, GA VII, S. 253 ff.).

Eine solche Erziehung öffnet den Menschen für die lebendige Erfahrung seiner selbst in Beziehung zur Welt und verhilft ihm, plastisch, flexibel und sensibel zu bleiben. Indem sie dem durch Manipulation, Überwältigung und Kontrolle zur Fassade erstarrten gesellschaftlichen Strukturen entgegenzuwirken sucht, will sie die menschlichen Ausdrucks- und Erlebenskräfte im Sinne lebendiger Aktion und authentischer Selbsterfahrung stärken.

Sie ist Erziehung zur Wirkmächtigkeit und Offenheit, zur Kontemplation und Meditation. Sie ist Ermöglichung von Bewusstheit, bewusstem Sein.

Die positive Erziehung, die sich dem Ideal einer seinsorientierten Erziehung anzunähern versucht, ist mit der Vision des Neuen Menschen verbunden. Der Neue Mensch wird als produktiv, als biophil bestimmt. Er ist von Liebe zu sich, zum Nächsten und zur Natur beseelt. Liebe zu sich selbst heißt, sich nicht zu verletzten:

B. Bierhoff, *Kritisch-Humanistische Erziehung,* essentials,
DOI 10.1007/978-3-658-12199-0_7

nicht durch Ehrgeiz, durch Erfolg und Disziplin (die Panzerungen schaffen), durch Konsumismus (der im Kreislauf von Angst und Unzufriedenheit festhält). Liebe zu sich selbst ist die Bedingung aller Liebe (vgl. Fromm 1941a, GA I, S. 285 f., 1947a, GA II, S. 85 f.).

Der Neue Mensch steht vor der Aufgabe, das mit seiner wachsenden Individuation verbundene Problem zu lösen. Dieses Problem liegt darin, sich aus „Furcht vor der Freiheit" nicht in entmündigende „primäre Bindungen" (vgl. Fromm 1941a, GA I, S. 237 f.) zu flüchten und vereinnahmen zu lassen, sondern eine neue produktive Beziehung zu sich und zur Welt der Mitmenschen, zur Natur- und Dingwelt zu finden. Fromm: „Jeder Schritt in Richtung einer wachsenden Individuation hat die Menschheit mit neuen Unsicherheiten bedroht. Einmal gelöste primäre Bindungen können nicht mehr geflickt werden; in ein einmal verlassenes Paradies kann der Mensch nicht zurückkehren. Es gibt nur eine einzige produktive Lösung für die Beziehung des Menschen zur Welt: seine aktive Solidarität mit allen Mitmenschen und sein spontanes Tätigsein, Liebe und Arbeit, die ihn wieder mit der Welt einen, nicht durch primäre Bindung, sondern als freies, unabhängiges Individuum" (ebd., S. 238).

Der Mensch, der durch therapeutische Hilfe oder durch eigene Anstrengung und Selbsterkenntnis seine Illusionen abstreift, kommt dem Ziel des Neuen Menschen nahe. Denn dieses Ziel besagt nichts anderes als in sich selbst tief einzusehen und im Verlust von Illusionen auf die Grundlage des eigenen Seins zu stoßen.

Fromm sieht den Menschen als zu Vernunft und Liebe fähig. Aus dieser Fähigkeit, die er als das zentrale „Wesensattribut" des Menschen erachtet, resultiert die Chance der Bewusstheit: „Die Fähigkeit, sich seiner selbst bewusst zu werden und sich Rechenschaft über sich selbst und seine existentielle Situation zu geben, macht ihn zum Menschen. Und eben diese Fähigkeit ist grundlegend für seine Natur" (1968g, GA IX, S. 380). Der Neue Mensch ist somit nichts anderes als ein vernünftiges und liebevolles menschliches Wesen, das zu sich selbst gefunden hat.

Der Neue Mensch wird nicht durch die Panzerungen und Maskeraden des Gesellschafts-Charakters in seiner Individualität verhindert sein, sondern eine lebendige, fließende, produktive Charakterstruktur, die mit seinem Wachstum im Einklang ist, entfalten. Er wird nicht „außengeleitet" sein, sondern gemäß seinen inneren biophilen Impulsen leben, gemäß seinem humanistischen Gewissen. Er wird nicht von einem autoritär-rigiden Gewissen geleitet werden, sondern von einer universalistischen, postkonventionellen Moral und Ethik. Er wird eine erhellte Existenz leben, von Liebe und Bewusstheit durchdrungen. Er wird Individualität sein, weil er nur so, sein inneres Zentrum entfaltend, einfühlsames solidarisches Gattungswesen sein kann.

Erziehung zum Sein ist Ermöglichung produktiver Lebensorientierungen, Unterstützung menschlichen Wachstums, Förderung des Vorstellungsvermögens und der Vernunft: das Leben nicht verbissen, sondern spielerisch zu sehen, nicht als Konkurrenz- und Überlebenskampf, sondern als Spiel, als biografisches Experiment, als Entdeckung kreativer Möglichkeiten, als Kontemplation und Meditation. Erziehung, die zwischen Sein und Haben vermittelt – mit dem Ziel, die Haben-Orientierung abzuschwächen –, gründet auf der Einsicht, dass der Mensch nicht für die Gesellschaft da ist, sondern die Gesellschaft für den Menschen. Mensch und Gesellschaft sind untrennbar – wie die zwei Seiten einer Münze – miteinander verbunden und stehen in einer koevolutionären Beziehung. Die Gesellschaft mit ihren Verhältnissen weist immer auf das Verhalten der Menschen zurück. Die Gesellschaft wird im Verhalten der Menschen als das reproduziert, was die Menschen sind, wie sie sich – bewusst oder unbewusst – verhalten.

Die Widersprüchlichkeit der gesellschaftlichen Strukturen und Verhältnisse, die geschichtliche Chance zur Individualität, bietet Ansatzpunkte für eine zwischen Haben und Sein vermittelnde Erziehung, durch die die Menschen wieder zu Akteuren werden, die aktiv an der Veränderung des Gemeinwesens und der Gesellschaftsstruktur beteiligt sind.

In dieser das Sein fördernden Erziehung braucht das Kind einen Schonraum, um wachsen zu können. Es muss die eigenen Kräfte entdecken und erproben, es muss seine Individualität entwickeln können. Dazu braucht es nicht die guten Wünsche der Eltern, die es „erfolgreich", „anständig", „vorzeigbar", „angepasst", „gehorsam", „gebildet", „musikalisch" oder sonst wie machen und an sich und ihre narzisstischen Wünsche binden wollen.

> Wenn das Kind sich zu einem gesunden erwachsenen Menschen entwickeln soll, muss es eines Tages die ursprüngliche Bindung an die Eltern oder ihre späteren Stellvertreter in der Gesellschaft aufgeben und völlig selbständig werden. Es muss lernen, als Individuum der Welt zu begegnen. Es muss lernen, Sicherheit nicht in einer symbiotischen Anlehnung an andere Menschen, sondern durch seine eigene Fähigkeit zu finden, die Welt geistig, emotional und künstlerisch zu erfassen. Es muss all seine Kräfte darauf richten, Übereinstimmung mit der Welt zu finden und seine Sicherheit nicht in Unterwerfung oder Beherrschung zu suchen. (Fromm, GA IX, S. 412)

Für Fromm besteht das „Hauptprinzip der Selbstbestimmung" darin, dass die entmündigende „irrationale" Autorität, die durch die Macht zu zwingen ausgewiesen ist, durch eine kompetente, wohlwollende, „rationale" Autorität ersetzt wird, die in Freiheit agiert:

> Das Kind lernt, ohne dass Zwang ausgeübt wird, indem an seine Neugier und seine spontanen Bedürfnisse appelliert und auf diese Weise sein Interesse an der Umwelt

geweckt wird. Diese Einstellung kennzeichnet den Beginn der fortschrittlichen Erziehung – ein wichtiger Schritt in der Entwicklung der Menschheit. (ebd., S. 409)

Um selbstständig werden zu können, braucht das Kind eigene Erfahrung, Zutrauen, Freiraum – allerdings auch Schutz vor Gefahren –, aber es braucht keine Einmischung. Es darf nicht maßgeregelt und kontrolliert werden, nicht mit dem Wissen der Erwachsenen überwältigt werden. Es braucht Raum, um zu wachsen, es braucht Suchhaltung und Neugierde. Diese können nur entstehen in einer Atmosphäre liebevoller Zuwendung ohne Besitzanspruch, ohne Drängen in eine Richtung – bei voller Unterstützung und Hilfe, die eigene Identität zu entdecken. Liebe, Vertrauen, Achtung und Respekt schaffen eine Atmosphäre des Wachstums, ohne die Äste abzuschneiden und die Flügel zu stutzen, die dem Kind wachsen. Dann braucht das Kind den Eltern auch nicht dankbar sein zu müssen, sondern wird die Eltern achten und lieben, weil es bedingungslos angenommen und geliebt wurde und in der Folge sich selbst liebt, das Leben liebt, die Menschen und die Natur.

Fromm bezeichnet diese Haltung dem Leben gegenüber mit dem Schlüsselwort der „Produktivität". Diese Produktivität ist nun nicht einigen wenigen Menschen vorbehalten, sondern wird von Fromm als eine natürliche Eigenschaft des Menschen, als ein Wesensattribut, beschrieben: „Produktivität ist eine Haltung, die jeder Mensch haben kann, wenn er nicht geistig oder emotional verkrüppelt ist" (1970b, GA III, S. 312; im Original kursiv).

Den produktiven Menschen versteht Fromm als einen Menschen, dessen Existenz in der Liebe zum Leben und allem Lebendigen gründet und der aufgrund seiner Haltung eine Atmosphäre von Spontaneität und Lebendigkeit verbreitet: „Der produktive Mensch bringt seine eigenen Fähigkeiten, andere Menschen und Dinge zum Leben. Aufgrund seiner produktiven Haltung ruft er auch bei anderen eine produktive Reaktion hervor, vorausgesetzt, diese anderen sind nicht derart nicht-produktiv orientiert, dass sie sich überhaupt nicht beeindrucken lassen. Der produktiv Orientierte sensibilisiert also sowohl sich selbst als auch andere; er fühlt und nimmt sich selbst und seine Umgebung in optimaler Weise wahr. Diese Empfindungsfähigkeit bezieht sich auf den Bereich des Denkens ebenso wie auf den des Fühlens. Entscheidend ist nicht das Objekt – Menschen, die Natur oder auch Gegenstände –, sondern die grundsätzliche Einstellung. Die produktive Orientierung wurzelt in der Liebe zum Leben (*Biophilie* – vgl. Fromm 1964a, GA II). Ihr geht es um das Sein, nicht um das Haben" (Fromm 1970b, GA III, S. 312).

Der Mensch des Seins wird ein neuer Mensch sein, ein freier Mensch, der sich auch von autoritärem Gehabe und Machtbesessenheit gelöst hat. Paul Goodman und Erich Fromm weisen ergänzend auf Merkmale des freien Menschen hin:

Ein freier Mensch erringt den Sieg, errichtet die freie Gesellschaft nur dadurch, dass er daran festhält, in Natur und Freiheit zu handeln; es ist nicht notwendig für ihn, über jemanden zu siegen. Wenn er kreativ ist, gewinnt er. Wenn er seine Vorurteile und seine Gewohnheiten korrigiert, gewinnt er. Wenn er Widerstand leistet und leidet, gewinnt er… Der freie Mensch strebt nicht danach, Organisationen zu beherrschen, sondern in natürlichen Gruppen, die bedeutungsvoll für ihn sind, zu handeln… (Goodman, o. J., S. 14)

Auf dem Gebiet der Erziehung geht es in erster Linie darum, die kritischen Fähigkeiten des Menschen entwickeln zu helfen und eine Basis für den kreativen Ausdruck seiner Persönlichkeit zu schaffen. Das Ziel ist der freie Mensch, der gegenüber Manipulation und Ausnutzung seiner Beeinflussbarkeit zum Vergnügen und Nutzen anderer immun ist. (Fromm 1960b, GA V, S. 35)

Je mehr der Mensch jedoch der Manipulation und Ausbeutung ausgesetzt ist, in desto größerem Maße bedarf er der tröstenden Illusion. In einer illusionären, freudlosen Wirklichkeit lebt der entfremdete Mensch gleichsam aus „zweiter Hand". Seine Wirklichkeitswahrnehmung ist entstellt, weil er aufgrund von Verdrängung und Entfremdung ständig der eigenen Realität ausweicht. Doch für Fromm gibt es einen Weg aus diesem Dilemma. Für ihn ist Wachstum in fast jeder Lebenssituation möglich. Wenn der Erziehungsprozess im Sinne des Produktivitätsideals weitgehend versagt hat, so sind dennoch Stärkung der vorhandenen produktiven Orientierung und Wachstum durch Selbstreflexion und Selbsterziehung, durch Therapie und Meditation möglich. Die „Erziehung zur Produktivität" als Herzstück der Wachstumspädagogik wird so zu einem lebenslangen Anliegen. Das Ziel lässt sich – in paradoxer Formulierung – mit einer produktiven Rückkehr zur Kindheit und einer Wendung zum vollentwickelten Erwachsenen beschreiben.

Für das von der Erziehung noch nicht überwältigte Kind war „das unmittelbare, direkte, totale Erfassen der Welt" typisch (vgl. Fromm 1960a, GA VI, S. 345 f.). Erst durch Verdrängungen und Trübungen, kurz: durch Repression und Entfremdung, ist dieser unmittelbare und direkte Zugang zur Welt gestört worden. Nach Fromm geht es darum, Verdrängungen zu überwinden und wieder zu lernen, die Wirklichkeit direkt und unverzerrt aufzunehmen – in kindlicher Einfachheit und Spontaneität.

Wenn man keine Verdrängungen hat, lernt man wieder, die Wirklichkeit unmittelbar und unentstellt zu erfassen, und erwirbt wieder die Einfachheit und Spontaneität des Kindes. Wenn man durch den Prozess der Entfremdung und der Entwicklung des Verstandes hindurchgegangen ist, bedeutet das Nichtverdrängen die Rückkehr zur Unschuld auf einer höheren Ebene; diese Rückkehr zur Unschuld ist nur möglich, nachdem man seine Unschuld verloren hat. (ebd., S. 346)

Wachstumspädagogik – ob in der Kindheit oder im Erwachsenenalter ansetzend – hat es immer mit dem ganzen Menschen und somit auch immer mit dem Kind zu tun. In ihren lebensgeschichtlichen Wirkungen ist die Kindheit des Menschen in seinem ganzen Leben präsent. Wir können unserer Kindheit nicht entfliehen, da wir sie in uns tragen, mit allen Verletzungen und aller Ohnmacht, allen Ängsten, allem Vertrauen und Stolz auf unsere Leistungen und vielem anderen mehr. Doch können wir zu einem Zustand unserer Kindheit zurückfinden, wo wir und die Welt durch den Gedanken und die Illusion noch nicht getrennt waren. Das scheint Fromm vorzuschweben, wenn er schreibt: „Wir müssen wieder zu Kindern werden, um die Welt unentfremdet und schöpferisch zu erfassen, aber während wir zu Kindern werden, sind wir gleichzeitig keine Kinder, sondern vollentwickelte Erwachsene" (ebd., S. 346).

Der Weg zu Produktivität und Wachstum und damit zu einem neuen Menschen führt über die Bewusstheit des Menschen. Fromm fasst das Ziel der Bewusstheit in psychoanalytischer Terminologie als Bewältigung des Unbewussten und Verdrängten: „‚Sich des Unbewussten bewusst werden' heißt, die Verdrängungen und Entfremdung von mir, und damit von dem Fremden, zu überwinden. Es bedeutet aufzuwachen, Illusionen, Fiktionen und Lügen abzuschütteln und die Wirklichkeit so zu sehen, wie sie ist. Der Mensch, der erwacht, ist der befreite Mensch, der Mensch, dessen Freiheit weder von ihm noch von anderen eingeschränkt werden kann… Wenn man für die Wirklichkeit offen, das heißt, wenn man erwacht ist, ist Lügen unmöglich, weil die Lüge unter der Kraft des vollen Erlebens dahinschmelzen würde. Schließlich bedeutet das Unbewusste bewusst zu machen, dass man in der Wahrheit lebt. Die Wirklichkeit ist nicht mehr entfremdet, ich bin für sie offen, ich lasse sie existieren; daher sind meine Reaktionen auf sie ‚wahr'" (ebd., S. 346).

Der Neue Mensch ist wahrhaftig und authentisch. Er hat sich zur Unabhängigkeit von ideologischen Täuschungen durchgearbeitet und ist „erwacht". Der veränderte Bewusstseinszustand lässt ihn transpersonal und universal werden. Er ist Teil der Menschheit und des Universums, das sich in ihm des Ganzen bewusst geworden ist, ohne der Subjekt-Objekt-Spaltung verhaftet zu bleiben.

Pädagogik und Politik der Zuwendung

Neben der Dimension der Wachstumsförderung durch Erziehung ist ein weiterer Blick auf das Bindungsverhalten und die zwischenmenschliche Zuwendung zu richten, die schon in den ersten Lebensmonaten eine tiefe Prägung des jungen Menschen bedeuten. In den ersten Lebensmonaten und -jahren sedimentiert die Sozialerfahrung des Menschen in Interaktionsformen, die ihm den Zugang zur und die existenzielle Verbindung mit der Welt der Menschen und Dinge im Kontext seiner Kultur erschließen. Diese seit der frühen Kindheit sich ausdifferenzierende Soziabilität bestimmt die weiteren Lebensphasen entscheidend.

Erlebte Geborgenheit und Glück in den frühen Lebensjahren legen das Lebensgefühl eines Menschen bis ins Alter hinein fest. Sigmund Freud war der Ansicht, dass das Glückserleben der Menschen in den entwickelten Zivilisationen aufgrund der kulturschaffenden Aktivitäten, die auf Triebverdrängung, Triebverzicht und Sublimierung der Triebenergien gründen, rückläufig sei. Zudem ging Freud von der pessimistischen Vorstellung aus, ein Todes- oder Destruktionstrieb wirke als unvermeidbare anthropologische Konstante in der Kulturentwicklung.

Fromm zweifelte diese Kulturanalyse an und begründete die Ansicht, menschliche Destruktivität entspringe der Verhinderung einer produktiven Beziehung zur Welt ("Destruktivität ist die Folge ungelebten Lebens"). In einschränkenden oder destruktiven Beziehungsverhältnissen werden die Bedürfnisse des Kindes nicht im Sinne einer optimalen Entwicklung der Liebes- und Vernunftfähigkeit befriedigt und die Pathologien in der gesellschaftlichen Normalität durch Erziehung und Sozialisation weitergetragen. Folge ist eine allgemeine Glücksarmut in einem nach materiellen Kriterien bemessenen Wohlstand.

So führen z. B. Einschränkungen der Lebensweise durch Prekaritäten wie Armut, Arbeitslosigkeit oder Scheidung, kompensatorische Bedürfnisse der Eltern nach käuflichen Gütern und demonstrativem Konsum, Süchte stoffgebundener oder stoffungebundener Art dazu, dass Kinder nicht die menschlichen Zuwendun-

B. Bierhoff, *Kritisch-Humanistische Erziehung*, essentials,
DOI 10.1007/978-3-658-12199-0_8

gen, die Akzeptanz und Begleitung erfahren, die sichere vertrauensvolle Bindungen ermöglichen. Folgen dieser Vernachlässigung sind Langeweile, Erlebnishunger und Spaßstreben, Überkonsum und Rücksichtslosigkeit, Fremdenfeindlichkeit, Gewalt, Kriminalität und Rechtsextremismus, Alkoholmissbrauch sowie psychische und psychosomatische Krankheiten. All diese Phänomene und Probleme sind gesellschaftserzeugt und lassen sich nicht durch ein verändertes Erziehungsmodell abstellen. Wie soll dieser Misere durch Erziehung begegnet werden, wenn die gegenwärtig praktizierte Erziehung Teil dieses menschenunwürdigen Teufelskreises ist?

Die zentrale Grundlage für einen humanisierenden Wandel ist die bedingungslose Akzeptanz eines jeden Menschen als Mitglied dieser Gesellschaft. Ein sozialpolitisches Konzept, das genau diese Akzeptanz voraussetzt, ist mit dem *bedingungslosen Grundeinkommen* gegeben. Fromm war bereits seit den 1950er-Jahren Protagonist eines solchen Einkommens (vgl. Fromm 1966c, GA V, S. 309 ff.), das den Menschen materielle Sicherheit gibt und sie für freiwillige und sinnvolle Tätigkeiten im Gemeinwesen freisetzt. Denn nur wer sich nicht in einem Existenz- und Überlebenskampf befindet, kann mit freiwilligem Engagement sozial nützliche Aktivitäten beginnen, die die persönlichen Kräfte ebenso wie die kommunikativen Potenziale der menschlichen Lebenswelt stärken.

Im Gefolge des bedingungslosen Grundeinkommens ist zu erwarten, dass viele Menschen, die frei von Not sind, ihren Kindern und alten oder fremden Menschen eine intensivere Zuwendung geben können. Institutionen frühkindlicher Erziehung wie Krippe, Kindergarten und Kindertagesstätte können im Einzelfall eine sinnvolle Unterstützung z. B. einer alleinerziehenden Mutter sein. Sie können jedoch die Mütter und Väter nicht ersetzen, allenfalls unzulängliches Erziehungs-, Sorge- und Zuwendungsverhalten dieser primären Bezugspersonen kompensieren. Es lässt sich leichter arbeiten und Geld verdienen und Konsumausgaben tätigen als für die Kinder da zu sein. Diese Fehleinschätzung scheint eine Besonderheit im heutigen Gesellschafts-Charakters zu sein. Die unzureichende Zuwendung ist mit defizitären Mutter- und Vaterrollen verbunden.

Muttersein und Vatersein sind gesellschaftlich bestimmte Verhaltensmodelle, die auch gesellschaftstypische Fehlformen und Pathologien hervorbringen, wie Hans-Joachim Maaz aufzeigt (Maaz 2003). Er analysiert die Psycho- und Interaktionsdynamik von Störungen der Mütterlichkeit („Mutterbedrohung", „Muttermangel", „Muttervergiftung") und Väterlichkeit („Vaterterror", „Vaterflucht", „Vatermissbrauch") im gesellschaftlichen Kontext. Erst eine Balance zwischen „guter" Mütterlichkeit und „guter" Väterlichkeit, zu der immer auch bedingungslose Zuwendung und Förderung der Leistungsbereitschaft gehören, ermöglicht ein autonomes Dasein in den Interdependenzen der menschlichen Beziehungen.

Auch andere Werke, wie das von Jean Liedloff über das Glück im interkulturellen Vergleich, erweitern den Blick auf die eingefahrenen Verhaltensmuster in der Erziehung und dem Aufwachsen unserer Kinder (Liedloff 1980). So wie in unserer Kultur der Kinderwagen als nützliches Fortbewegungsmittel kaum in Frage gestellt wird, ist in anderen Kulturen der Tragekorb oder das Tragetuch selbstverständlich. Kinderwagen wie Tragetuch sind Ausdruck eines spezifischen Erziehungskonzepts, das in dem einen Fall mit dem trennenden Gegenüberstehen zur Welt und in dem anderen Fall mit wärmender Geborgenheit verbunden sein kann. Beides ist in eine besondere Organisation der Lebensweise und des Alltags eingebunden und findet darin seinen Stellenwert und seine Funktion – auch mit Blick auf die Erzeugung und Veränderung eines spezifischen Gesellschafts-Charakters. Die heute gebräuchlichen Kinderwagen richten die Wahrnehmung des Kleinkindes auf die Außenwelt und fördern somit dessen Außenorientierung, während in den 1950er-Jahren der Kinderwagen den Blick des Kindes entgegen der Fahrtrichtung auf die Bezugsperson ermöglichte und damit die personale Orientierung symbolisierte.

Die Alltagspraktiken der Erziehung – auch in ihrer milieuspezifischen Streubreite – können daraufhin befragt werden, welchen Beitrag sie zu einer vertrauensvollen und sicheren Bindung und einer entsprechend liebevollen Zuwendung erbringen. Ergänzend sind die Lebensverhältnisse zu betrachten, die Mütter und Väter unter Druck setzen oder sie entlasten und von überflüssigem Stress befreien. Welche Hilfen brauchen Eltern, damit sie ihren Kindern ein optimales Maß an Zuwendung und Bindungssicherheit geben können sowie in der Lage sind, das beziehungsaktive und zeitintensive Zusammensein mit ihren Kindern von Geburt an zu genießen und daraus auch für ihr eigenes Persönlichkeitswachstum Impulse und Anregungen abzuleiten.

Persönliches Wachstum wird durch menschliche Zuwendung ermöglicht. Ein Kind, das willkommen ist, kann eine vertrauensvolle Beziehung zur Welt der Menschen und Dinge, zunächst in der Familie, entwickeln. Dabei sind die leiblichen Bedürfnisse des Kindes zentral. Die Bedürfnisbefriedigung schließt angemessene Nahrung und Hygiene mit ein, betrifft aber wesentlich das Tragen des Säuglings am Körper der Mutter oder des Vaters und eine angemessene Bezogenheit mit Interaktionen und ersten wechselseitigen Aktivitäten in den Wachzeiten. Über die mütterliche Zuwendung, die in den ersten Monaten im Mittelpunkt steht und durch Geborgenheitserleben die Entwicklung von Empathie und Friedfertigkeit im Kind fördert, darf die väterliche Zuwendung nicht vergessen werden, die mit zunehmendem Alter des Kindes dieses zu Verbindlichkeit und Pflichtbewusstsein anregt.

Jean Liedloff, die insgesamt zweieinhalb Jahre bei einem Stamm der Yequana-Indianer im Dschungel Venezuelas lebte, versuchte die Hintergründe der harmonischen Gestaltung des Zusammenlebens dieser Eingeborenen zu erkunden, denn es handelte sich bei ihnen offenbar um „glückliche" Menschen. In ihrem ethnologischen Reisebericht schilderte sie die Erziehungspraktiken dieses Volkes, das eine ungewöhnliche Sensibilität und Antwortbereitschaft in der Aufzucht und Begleitung ihrer Kinder zeigte.

Das Tragen des Kindes im Tragetuch hat sich mittlerweile in unserer Zivilisation in bestimmten sozialen Milieus als Alternative zum Gebrauch des Kinderwagens entwickelt. Die getragenen Kinder sind im Allgemeinen ruhiger und aufmerksamer, zeigen Bindungssicherheit sowie eine gute körperliche und psychosoziale Entwicklung.

Abzuwarten ist, ob sie als erwachsene Menschen mehr Bezogenheit und Mitgefühl zeigen und sich weniger konkurrenz- und karriereorientiert verhalten werden, kaum für Süchte anfällig sind und von einem einfachen Lebensstil angezogen werden, der die immateriellen Bedürfnisse betont und wechselseitige menschliche Unterstützung im Gemeinwesen ermöglicht. Es könnte auch sein, dass sich für diese Menschen die Kluft von Umweltbewusstsein und Umweltverhalten schließt, so dass die heute als wichtig erkannte Erziehung und Bildung für nachhaltige Entwicklung (*Education for Sustainable Development*) zunehmend praktische Wirkungen zeigt.

Epilog: Erziehung in einer empathischen Gesellschaft

Der Beitrag von Erich Fromm zur Pädagogik ist nicht nur ein richtunggebender Beitrag zur humanistischen Erziehung, sondern Teil eines Transformationskonzepts für Gesellschaften, die ihre konstituierenden Grundlagen von Leben, Arbeit und Konsum kritisch hinterfragen. Er hat nicht nur Berührungen zu reformpädagogischen Innovationen wie dem *Modell Summerhill* von Alexander S. Neill, sondern auch zu einer Reihe von humanistischen Theorien, die eine Haltung der Begegnung in menschlicher Bezogenheit fördern. Die im vorliegenden Buch entwickelte pädagogische Position versteht sich als Teil eines Gesamtkonzepts, das in allen gesellschaftlichen Dimensionen (ökonomisch, sozial, politisch und ökologisch) Vorschläge zur Neuorganisation zwischenmenschlichen Verhaltens zu geben vermag und zur Errichtung einer „empathischen Zivilisation" beitragen will.

Eine Erziehung, die nicht in erster Linie einen funktionalen Sozialisationsanspruch, sondern einen fürsorglichen Erziehungsanspruch vertritt, kann sich an dem präfigurativen Kulturmodell orientieren. Das kulturelle Wertsystem steht vor der Aufgabe, die in der sog. „Psychoklasse der Moderne" (Lloyd deMause) entstandene unterstützende Erziehung aufzunehmen und in einer „empathischen Zivilisation" (Jeremy Rifkin) zu verankern. Die Weichen für eine Erziehung im Sinne eines liebenden Umgangs miteinander scheinen unumkehrbar gestellt. Die produktiven Kräfte der liebevollen Fürsorge und des Teilens sind besonders in der zweiten Hälfte des 20. Jahrhunderts angewachsen. Es finden sich jedoch auch regressive Haltungen, die von Intoleranz und Neid bestimmt sind und aus bedrängenden und prekären Lebenssituationen resultieren. Diese Haltungen repräsentieren eine Defizitorientierung und weisen auf eine Erziehung und milieuspezifische Lebensgrundlage zurück, die gerade nicht von Wachstum und bedingungsloser Zuwendung geprägt sind. Dieses Problem lässt sich nicht vorrangig durch guten Willen und Anstrengungsbereitschaft auf der personalen Ebene lösen, sondern durch institutionelle Unterstützungsleistungen für Familien, Väter, Mütter und Kinder, die

© Springer Fachmedien Wiesbaden 2016   49
B. Bierhoff, *Kritisch-Humanistische Erziehung,* essentials,
DOI 10.1007/978-3-658-12199-0_9

ein grundsätzliches Recht auf bedingungslose Annahme, Hilfe und Förderung haben. Dieses *Menschenrecht* ist unteilbar und gilt für alle Menschen, auch die vielen nach Frieden, Sicherheit und Heimat suchenden Menschen, die aus Kriegsgebieten zu uns kommen oder zunehmend aus Klimagründen noch zu uns kommen werden. Eine neue Erziehung kann daran mitwirken, eine Kultur des Teilens mit neuen gemeinschaftlichen Strukturen zu errichten. Sie gründet nicht nur auf Empathie und Demut, sondern erfordert gleichermaßen Aufrichtigkeit und Selbstbewusstsein. Eine Grundlage hierfür ist auch im christlichen Kulturkreis gegeben: „Und ich sage euch: Bittet, so wird euch gegeben; sucht, so werdet ihr finden; klopft an, so wird euch aufgetan! Denn jeder, der bittet, empfängt; und wer sucht, der findet; und wer anklopft, dem wird aufgetan." (Lukas 11, S. 9 f.)

Mit dem Aufkommen der empathischen Zivilisation stehen die Menschen besonders in den westlichen Gesellschaften, die ihre Kultur weltweit ausgedehnt haben, vor der größten Herausforderung des neuen Jahrhunderts. Gefragt ist ein Perspektivenwechsel im Verständnis der Welt und in der Auffassung von Gesellschaft, Gemeinschaft und Erziehung. Es geht darum, die Lebensform des Konsumismus zu überwinden, die Zukunft nachhaltig zu sichern, eine empathische Erziehung und neue Formen gemeinschaftlicher Bezogenheit hervorzubringen sowie Frieden und soziale Gerechtigkeit weltweit zu unterstützen.

Die empathische Erziehung hat Vorläufer, die auf Selbsterkenntnis gründen: „Erkenne dich selbst". Heute ist klar, dass Selbsterkenntnis keine Eigenschaft des Subjekts ist, sondern durch Sicherheit gebende Bindung und liebende Bezogenheit gemeinschaftlich gestiftet ist. Dabei sind die Formen und der Ausprägungsgrad der Selbsterkenntnis gesellschaftlich und milieubezogen vorgezeichnet. In postfigurativen Kulturen sind überschüssige Erkenntnisleistungen, wenn auch möglich, so doch nicht überlebenssichernd, da die tragenden sozialen Strukturen lediglich zu reproduzieren und zu überliefern sind. Solange keine gravierenden Herausforderungen in den Lebensumständen existieren, kann alles so bleiben wie es ist. Die soziale Identität liegt in der Gemeinschaft des Wir begründet, nicht in einem herausgehobenen Ich. In dem Wechsel über die kofigurative Kultur zur kulturellen Präfiguration entstehen neue Aufgaben und Ansprüche, die einen Abschied vom überkommenen Verständnis von Erziehung und Lernen notwendig machen, auch um heute einen Gegenpart zu den neoliberalen Sozialisations- und Vereinnahmungsstrategien zu bilden. Hoffnungsvoll stimmt, dass die Überwältigung des Kindes im Erziehungsprozess rückläufig ist und die Instruktion in der Schule mit dem defensiven Lernen von Pädagogen, Psychologen und Neurowissenschaftlern verstärkt hinterfragt wird.

Die gesellschaftliche Notwendigkeit einer kulturellen Transformation kann gesellschaftsdeterminiert aufgewiesen werden. Es besteht nicht nur ein reichhaltiger Fundus von Ideen und Utopien für eine veränderte Lebensweise, auch die gesellschaftlichen Krisen und Entwicklungen machen Lösungen notwendig, die im globalen Maßstab ressourcenverträglich und sozial gerecht sind. Bestimmte Erziehungsideen werden zunehmend nachgefragt, da ihnen ein Lösungspotenzial für die Krise zugeschrieben wird. Die von Liebe, Empathie und Zuwendung bestimmte Erziehung entspricht gesellschaftlichen Trends, die eine zivilisatorische Rettungsdynamik unterstützen. Insoweit der neue Erziehungsmodus Antworten auf die drängenden Zukunfts- und Überlebensfragen beinhaltet und institutionelle Innovationen bei der Unterstützung von Familien ermöglicht, bestehen Chancen, die westliche Zivilisation zu transformieren. In dem vorliegenden Buch wurden einige Ideen skizziert, die die Umrisse und Begründungen einer die menschlichen Potenziale fördernden Erziehung verdeutlichen.

Was Sie aus diesem Essential mitnehmen können

- Warum das 21. Jahrhundert eine neue Erziehung braucht
- Was die Grundlagen dieser neuen Erziehung sind
- Wie die empathische Erziehung helfen kann, die westliche Zivilisation umzugestalten

© Springer Fachmedien Wiesbaden 2016
B. Bierhoff, *Kritisch-Humanistische Erziehung,* essentials,
DOI 10.1007/978-3-658-12199-0

Literatur

Erich Fromm

Alle Zitate nach: Erich Fromm Gesamtausgabe in 12 Bänden, hrsg. von Rainer Funk, Deutsche Verlags-Anstalt: München 1999

Fromm Erich. 1941a. GA I, 215–392. Die Furcht vor der Freiheit.

Fromm Erich. 1943a. GA V, 3–7. Fragen zum deutschen Charakter.

Fromm Erich. 1947a. GA II, 1–157. Psychoanalyse und Ethik. Bausteine zu einer humanistischen Charakterologie.

Fromm Erich. 1949c. GA I, 207–214. Über psychoanalytische Charakterkunde und ihre Anwendung zum Verständnis der Kultur.

Fromm Erich. 1955a. GA IV, 1–254. Wege aus einer kranken Gesellschaft.

Fromm Erich. 1955b. GA VIII, 113–120. Die Auswirkungen eines triebtheoretischen „Radikalismus" auf den Menschen. Eine Antwort auf Herbert Marcuse.

Fromm Erich. 1955e. GA VIII, 3–20. Psychoanalyse als Wissenschaft.

Fromm Erich. 1956a. GA IX, 437–518. Die Kunst des Liebens.

Fromm Erich. 1959b. GA IX, 331–341. Psychologie und Werte.

Fromm Erich. 1959c. GA IX, 399–407. Der kreative Mensch.

Fromm Erich. 1960a. GA VI, 301–358. Psychoanalyse und Zen-Buddhismus.

Fromm Erich. 1960b. GA V, 19–41. Den Vorrang hat der Mensch! Ein sozialistisches Manifest und Programm.

Fromm Erich. 1960e. GA IX, 409–414. Vorwort zu A.S. Neills „Summerhill".

Fromm Erich. 1964a. GA II, 159–268. Die Seele des Menschen. Ihre Fähigkeit zum Guten und zum Bösen.

Fromm Erich. 1966c. GA V, 309–316. Psychologische Aspekte zur Frage eines garantierten Einkommens für alle.

Fromm Erich. 1968a. GA IV, 255–377. Die Revolution der Hoffnung.

Fromm Erich. 1968g. GA IX, 375–391. Einleitung zu E. Fromm und R. Xirau, „The Nature of Man".

Fromm Erich. 1970b. GA III, 231–540. Psychoanalytische Charakterologie in Theorie und Praxis. Der Gesellschafts-Charakter eines mexikanischen Dorfes.

Fromm Erich. 1973a. GA VII, I–XX, 1–444. Anatomie der menschlichen Destruktivität.

© Springer Fachmedien Wiesbaden 2016
B. Bierhoff, *Kritisch-Humanistische Erziehung*, essentials,
DOI 10.1007/978-3-658-12199-0

Fromm Erich. 1976a. GA II, 269–414. Haben oder Sein. Die seelischen Grundlagen einer neuen Gesellschaft.

Fromm Erich. 1979a. GA VIII, 259–362. Sigmund Freuds Psychoanalyse – Größe und Grenzen.

Andere Autoren

Berger, Peter L., und Thomas Luckmann. 1980. Soziale Mobilität und persönliche Identität. In *Lebenswelt und Gesellschaft. Grundstrukturen und gesellschaftliche Wandlungen*, Hrsg. Thomas Luckmann. Paderborn: Schöningh.

Bierhoff, Burkhard. 2014. Zur Kritik des Ökonomismus in der Erziehung. In *Machtwirkungen und Glücksversprechen. Gewalt und Rationalität in Sozialisation und Bildungsprozessen*, Hrsg. Klaus-Jürgen Bruder, Christoph Bialluch, und Benjamin Lemke, 251–274. Gießen: Psychosozial.

Dauber, Heinrich, und Selbstorganisation von Lernprozessen. 1975. *Kritisches Lexikon der Erziehungswissenschaft und Bildungspolitik*, 338–343. Reinbek: Rowohlt TB-V.

DeMause, Lloyd. 2005. *Das emotionale Leben der Nationen*. Klagenfurt: Drava.

Freire, Paulo. 1973. *Pädagogik der Unterdrückten. Bildung als Praxis der Freiheit*. Reinbek: Rowohlt TB-V.

Geiger, Wolfgang. 1974. Lernziele, und politischer Unterricht. Über die Grenzen der Lernzielorientierung. *Gegenwartskunde* 23:17–34.

Goodman, Paul. *Aufwachsen im Widerspruch. Über die Entfremdung der Jugend in der verwalteten Welt*. Darmstadt o. J.: Verlag Darmstätter Blätter Schwarz und Co.

Gouldner, Alvin C. 1974. *Die westliche Soziologie in der Krise, 2 Bd*. Reinbek: Rowohlt TB-V.

Holzkamp, Klaus. 1991. Lehren als Lernbehinderung? *Forum Kritische Psychologie* 27:5–22.

Holzkamp, Klaus. 1993. *Lernen. Subjektwissenschaftliche Grundlegung*. Frankfurt a. M.: Campus.

Laing, Ronald D. 1966. *Phänomenologie der Erfahrung*. Frankfurt a. M.: Suhrkamp.

Laing, Ronald D. 1976. *Das geteilte Selbst. Eine existentielle Studie über geistige Gesundheit und Wahnsinn*. Reinbek: Rowohlt TB-V.

Laing, Ronald D. 1977. *Das Selbst und die Anderen*. Reinbek: Rowohlt TB-V.

Liedloff, Jean. 1980. *Auf der Suche nach dem verlorenen Glück. Gegen die Zerstörung unserer Glücksfähigkeit in der frühen Kindheit*. München: C.H. Beck.

Maaz, Hans-Joachim. 2003. *Der Lilith-Komplex. Die dunklen Seiten der Mütterlichkeit*. München: C. H. Beck.

Mead, Margaret. 1974. *Der Konflikt der Generationen. Jugend ohne Vorbild*. München: dtv.

Negt, Oskar, und Alexander Kluge. 1981. *Geschichte und Eigensinn*. Frankfurt a. M.: Zweitausendeins.

Riesman, David, Reuel Denney, und Nathan Glazer. 1967. *Die einsame Masse. Eine Untersuchung der Wandlungen des amerikanischen Charakters*. Reinbek: Rowohlt TB-V.

Rifkin, Jeremy. 2010. *Die empathische Zivilisation. Wege zu einem globalen Bewusstsein.* Frankfurt a. M.: Campus.

von Speck, Josef, und Gerhard Wehle. 1970. *Handbuch pädagogischer Grundbegriffe, I. Bd.,* Hrsg. von Josef Speck und Gerhard Wehle. München: Kösel.

Watts, Alan, und Anagarika Govinda Lama. 1977. *Die Kunst der Kontemplation.* Freiburg: Aurum-Verlag.

Printed in the United States
By Bookmasters